名师名校名校长

凝聚名师共识
回应名师关怀
打造名师品牌
培育名师群体

走向课堂

高中语文课堂教学案例辑录

洪方煜 / 主编

中国出版集团 现代出版社

图书在版编目（CIP）数据

走向课堂：高中语文课堂教学案例辑录 / 洪方煜主编. — 北京：现代出版社，2022.2

ISBN 978-7-5143-9681-2

Ⅰ.①走… Ⅱ.①洪… Ⅲ.①中学语文课—课堂教学—教案（教育）—高中 Ⅳ.①G633.302

中国版本图书馆CIP数据核字（2022）第030061号

走向课堂：高中语文课堂教学案例辑录

作　　者	洪方煜	
责任编辑	窦艳秋	
出版发行	现代出版社	
地　　址	北京市安定门外安华里504号	
邮政编码	100011	
电　　话	010-64267325　64245264	
网　　址	www.1980xd.com	
印　　制	北京政采印刷服务有限公司	
开　　本	710mm×1000mm　1/16	
印　　张	10.25	
字　　数	164千	
版　　次	2022年2月第1版　　2022年2月第1次印刷	
书　　号	ISBN 978-7-5143-9681-2	
定　　价	58.00元	

目 录
CONTENTS

第 一 辑
高中语文教学策略的实施

第二辑
高中语文教学策略研究

第一辑

高中语文教学策略的实施

心所归处　诗意人生

——《短歌行》《归园田居》对比鉴赏

浙江省仙居中学　李　燕

一、教学背景

这是新课程人教版首次在浙江省全面使用，许多教师对如何教新教材非常迷茫，而自上而下的各类培训大都使用大单元整合的方式，更让教师们一下子难以适应。于是很多教师干脆"穿新鞋走老路"，新课程这个"新瓶"装的还是原先的"老酒"。这跟新课程的精神无疑是背道而驰的。为此，洪方煜省、地两个工作室与仙居县李江军工作室特地组织了一个新课程、新教材、新课堂研讨会，意在解决教师们的困惑，为学习任务群等概念正本清源。

二、教学构想

高中语文统编教材在篇目编排上有较大改变，不同于老教材一篇为一课的编排方式，统编教材有些是两篇文章为一课，有些是多篇文章为一课，群文阅读在施行新教材之后，在语文课堂教学当中被多次提及。关于群文阅读教学的探索也就此展开。比如，本堂课所上的两篇文章选自统编教材必修上册第三单元第7课，根据单元篇首语以及课后学习提示得知，这两篇课文的主要目的在于使学生通过学习，明白曹操与陶渊明在不同的选择之下，两种不同的人生状态，以及同为古体诗，两首诗歌在语言风格和表达技巧上的不同。顺着这条思路，在教学设计时，教师主要围绕品味不同的人生状态、归纳各自不同的人生选择、透过选择分析背后的精神内核开展教学环节。本次教学的学生为仙居中学高一年级普通班的学生，在内容上主要围绕课文展开，问题设置也都相对浅显，引导学生对比赏析《短歌行》与《归园田居》，穿插朗读、吟诵、语言与表达技巧的品析，提炼诗人形象，理解"生命的诗意"。在对比赏析中，培养学生的思辨意识以及古诗文鉴赏能力。

三、教学目标

（1）熟读《短歌行》和《归园田居》，探究两首诗歌不同的主人公形象。

（2）通过诵读，积累和建构言语品析能力，感受两首诗歌在语言风格和表达技巧上的异同。

（3）深入理解"归"的含义，理解不同的人生选择背后诗人们共同的精神内核。

（4）倡导学生在不同的人生境遇之中仍能保持"生命的诗意"。

四、教学过程

1. 导入

课前播放《短歌行》演唱视频，营造宏大、悠远的氛围。

导语：古今中外，人类总是在不断探寻生命的意义，更有许多人为了让生命更有意义而不断做出努力。但是，究竟什么样的人生才叫"有生命意义"？当面对人生分岔路的时候，我们又当如何正确抉择？就让我们走进今天的课堂，通过两位古人的情感抒发去探寻这个问题的答案。

2. 任务1：诗人的"归"

《短歌行》"天下归心"，《归园田居》"守拙归园田"，两首诗都提到了"归"，请结合诗歌，分析诗人分别归向何处。

（1）曹操的"归"。

① 根据诗句本身，曹操渴望归的是"人心"，诗歌中有哪些片段表达了曹操希望贤才来归的渴盼心情？

学生找出相关语句，教师PPT展示，学生讨论、分析、品味。

片段展示：

青青子衿，悠悠我心。但为君故，沉吟至今。

明明如月，何时可掇？忧从中来，不可断绝。

月明星稀，乌鹊南飞。绕树三匝，何枝可依？

点拨： 曹操将贤才比喻为子衿、明月、乌鹊，"青青子衿"这一诗句在《诗经》中原本用于表达对情人的思慕，这里用于贤才，足见曹操求贤若渴之心；贤才如明月，光亮皎洁，却高挂天上，比喻贤才难求，于是曹操"忧从中来，不可断绝"；第三片段，曹操以"乌鹊南飞"喻指贤才投奔他处，以"何枝可依"表现贤才再三徘徊、难觅归处的窘境，也进一步表达了曹操对贤才来归的呼唤。曹操如此渴盼贤才，但贤才却不可得，所以诗歌情感可用一字概括：忧！

学生在诵读此片段时声音要低沉、缓慢。

② 假如贤才来归，曹操将会如何对待？

学生找出相关语句，教师PPT展示，学生讨论、分析、品味。

片段展示：

呦呦鹿鸣，食野之苹。我有嘉宾，鼓瑟吹笙。

越陌度阡，枉用相存。契阔谈讌，心念旧恩。

山不厌高，海不厌深。周公吐哺，天下归心。

点拨： "鼓瑟吹笙""契阔谈讌"，曹操用奏乐、宴饮、畅谈来表达对贤才的欢迎；"枉用相存"，贤才来投奔被称为屈驾来访，如此谦卑的说法表达出了曹操对人才的尊重；"周公吐哺"，曹操以周公自勉，热切殷勤地接待贤才，表达贤才来归的喜悦。这几个片段情感可用一字概括：喜！

学生在诵读时声音要轻快、响亮。

③ 在诗歌当中，以上片段是一忧一喜穿插出现的，贤才难得是现实，贤才来归是想象，想象中的画面越是喜庆热闹，现实的忧虑就显得越深，所以全诗的主要情感就是一个"忧"字。但是，在这种忧虑之中，曹操表现出的是消极沉沦吗？并不是，反而让我们感受到了他的雄心壮志。

曹操极度渴慕贤才，他要借助贤才来实现一统天下，与其说曹操归的是贤士之心，不如说归的是他的雄心。

小结： 曹操的"归"：人心→雄心。

（2）陶渊明的"归"。

① 陶渊明自己说"归园田"，那么他笔下的园田有何特点？

学生找出相关语句，教师PPT展示，学生讨论、分析、品味。

片段展示：

> 方宅十余亩，草屋八九间。榆柳荫后檐，桃李罗堂前。
>
> 暧暧远人村，依依墟里烟。狗吠深巷中，鸡鸣桑树颠。

点拨： 田宅、草屋、榆柳、桃李、村庄、炊烟、狗吠、鸡鸣，通过白描手法的使用，勾勒出一幅优美的乡村田园图。诗句通过互文、叠词、动静结合等手法，使我们感受到了乡村田园的宁静、和平、安详、柔和。

学生在诵读时声音应当柔缓、轻快。

② 陶渊明为何要归向"田园"？

学生找出相关语句，教师PPT展示，学生讨论、分析、品味。

片段展示：

> 少无适俗韵，性本爱丘山。误落尘网中，一去三十年。
>
> 羁鸟恋旧林，池鱼思故渊。开荒南野际，守拙归园田。

点拨： 诗歌开篇直指自己没有适应世俗的气韵，本性就喜爱山野田园。尘网喻指官场，羁鸟、池鱼喻指诗人自己，一系列的比喻表现了诗人身处官场之时内心的压抑、束缚、不自由，由此，诗人提出"守拙归园田"，选择守住自己愚拙的本性。

学生在诵读时声音应当沉重、缓慢。

③ 陶渊明归还田园之后的心情如何？

学生找出相关语句，教师PPT展示，学生讨论、分析、品味。

片段展示：

> 户庭无尘杂，虚室有余闲。
>
> 久在樊笼里，复得返自然。

点拨： 樊笼和自然两者强烈的对比表达出诗人摆脱束缚重获自由的喜悦，"户庭无尘杂，虚室有余闲"一语双关，既是房屋的无杂、有闲，更是诗人心境的悠闲、无扰。

学生在诵读时声音应当喜悦、高亢、响亮。

④陶渊明不愿为了附和世俗而违背本心，为了寻求身心自由，于是他退出官场，选择回归田园，与其说陶渊明归的是田园，不如说他实际上归的是他自

己的"拙心"。

小结：陶渊明的"归"：田园→拙心。

（3）通过两个"归"字，你看到了怎样的主人公形象？

明确：《短歌行》：具有统一天下的雄心壮志而又求贤若渴的志士。

《归园田居》：不与世俗同流合污，淡泊名利，渴望自由，厌倦官场的隐士。

3. 任务2：朗读、吟诵文章片段

吟诵是中国比较传统的诗文诵读方式，但是现在的学生对此了解较少，主要的吟诵规则为"平长仄短韵拖长"，在此基础上，结合诗歌本身的情感，在曲调上进行情感演绎。教师分别选择《短歌行》和《归园田居》片段进行示范吟诵，学生可模仿，也可根据吟诵规则以及自己对诗歌的情感解读，自创吟诵曲调。个别学生吟诵展示，其他同学点评，教师点拨（见图1）。

```
\ \ —，— — \ —
对酒当歌，人生几何
\ — \ —，\ \ \ \
譬如朝露，去日苦多
— \ — \ —，— — \ —
慨当以慷，忧思难忘
— \ \ —？— — \ —
何以解忧？唯有杜康
— — — —，— — \ —
青青子衿，悠悠我心
\ — \ —，— — \ —
但为君故，沉吟至今
```

```
— — — \，\ \ \ —
方宅十余亩，草屋八九间
— \ — \ —，— — \ — —
榆柳荫后檐，桃李罗堂前
— — \ — —，— — \ \ —
暖暖远人村，依依墟里烟
\ \ — \ —，— — — \ —
狗吠深巷中，鸡鸣桑树颠
```

图1　吟诵规则图示

通过朗读与吟诵，使学生熟悉吟诵这种诵读方式，并在吟诵中进一步感受诗人的情感，领悟诗歌的意蕴。

4. 任务3：设置人物关键词

某搜索引擎要为曹操、陶渊明设立人物词条，请从下列词语中挑选一些作为他们的搜索关键词并说明理由。

隐士、自然、积极、入世、出世、淡泊、志士、诗人、消极、英雄……

学生以小组为单位讨论交流，写下自己的选择，教师选择学生代表发言。

点拨：大部分学生对自然、淡泊、隐士、入世、出世等词条不存在争议，需要辨清的是以下几个问题：①陶渊明属不属于志士？②曹操以忧的情绪贯穿诗歌的始终，能否说明他消极？③陶渊明避世隐居，是否消极？④陶渊明是否是英雄？学生可以根据自己的理解畅所欲言，教师注意引导，使学生对志士、英雄等含义有新的认识。

明确：①陶渊明追求守住自己愚拙的本心，不愿为官场利禄而屈服改变，甚至在个人意志与世俗现实发生矛盾冲突时，毅然选择辞官归隐，保住自身精神的高洁，从这个角度上说，他是志士。②虽然曹操的诗歌因为贤才难求而忧伤，但是诗歌中更多让我们感受到的是他渴望建功立业、统一天下的雄心，他并没有因为现实的挫折而消沉，反而依然雄心勃勃，因此他并不消极。③虽然陶渊明的隐居是在官场中不如意下的选择，然而他在诗歌中所流露的是归隐田园之后发自内心的喜悦，田园的宁静、闲适、自由都让他享受其中，因此他并不消极。④英雄并不特指有雄心壮志、能保家卫国的大人物，许多能遵从内心、不轻易向外界条件屈服的人一样可以成为英雄，为他人，是英雄；为自我，也可以是英雄。陶渊明敢于反叛当时普遍的官场规则，遵从自我内心，保持自身精神高洁，也算是英雄。

五、课堂总结

拓展：PPT展示。

安能摧眉折腰事权贵，使我不得开心颜！　　　　　　——李白

鞠躬尽瘁，死而后已。　　　　　　　　　　　　——诸葛亮

达则兼济天下，穷则独善其身。　　　　　　　　——孟子

结束语：曹操和陶渊明看似截然不同的人生选择，其实有着相同的精神内核，那就是归顺自己的本心。我们不能简单地凭一种人生选择来判断人生是否有意义，不能因为他迎难而上就说他有意义，选择逆流而下就说他没有意义，生命的诗意在于我们透过选择去看清选择背后的本心。纵观历史，做出不同人生选择的人比比皆是，既有李白"安能摧眉折腰事权贵，使我不得开心颜"的洒脱，又有诸葛亮"鞠躬尽瘁，死而后已"的执着坚守，更有孟子"达则兼济

天下，穷则独善其身"的灵活变通。无论哪种人生选择，只要是归从本心的，便都能抒发生命的诗意。心之所归，俱是风流！

六、布置作业

（1）背诵《短歌行》。

（2）请为曹操或陶渊明写一则人物短评，150字左右。

黄州风流：那个永不褪色的背影

——《赤壁赋》《念奴娇·赤壁怀古》《定风波》阅读教学与点评

浙江省台州中学　项　琪

2013年12月13—16日，由中国语文报刊协会、叶圣陶研究会、《语文世界》杂志社、《语文学习》编辑部、《读写月报》杂志社、《语文月刊》杂志社、《中学语文教学参考》编辑部联合主办的第十一届"四方杯"全国优秀语文教师选拔大赛暨新教材、新课堂、新发展名师观摩课大会在广东省深圳市新安中学举行。在两天的比武角逐中，项琪老师的《赤壁山水万古情——〈赤壁赋〉〈念奴娇〉〈赤壁怀古〉〈定风波〉群文阅读》以其独特的角度、厚实的内容、精巧的设计获得了一等奖第二名。

一、教学构想

本次任教的学生为深圳市新安中学高二学生，他们已经学习了苏轼的《赤壁赋》《念奴娇·赤壁怀古》《定风波》这三篇诗文。在此基础上，教师引导学生以比较阅读的方式深入理解苏轼这三部作品所表达的不同情感，巩固已学知识，提升学生的思辨能力，从而走向个性化阅读，理解苏东坡在黄州的"精神突围"和东坡"风流"，形成一个立体的苏东坡形象。

二、教学目标

（1）把握《赤壁赋》和《念奴娇·赤壁怀古》（以下简称《赤壁怀古》）的内容，比较这篇赋和这首词写景、叙事、抒情的差异。

9

（2）通过诵读和解析，积累和建构言语品析能力，提升理性思维品质。

（3）引导学生理解苏东坡的"精神突围"和外儒内道、自由旷达的情怀。

教学目标重视学生的诵读品悟与自主探究，以语言建构与运用为切入点，深入思维发展与提升，关注审美鉴赏与创造、文化传承与理解，很好地落实了语文的四大核心素养，贯彻了新课标理念，就此次大会确定的"新教材、新课堂"的主题而言，这是唯一一节能做到高度契合的好课。

1. 导入

我们先来欣赏一幅现代画家的作品《赤壁山水图》。

2. 板块1：黄州风景

活动1：品读《赤壁赋》和《赤壁怀古》，思考如果用这幅画给赋和词配图，你觉得哪一篇更合适，为什么？

由此项活动引导学生仔细品一品赋和词里描写的风景。这幅画中山石嶙峋耸立，惊涛骇浪中有一叶扁舟。原画中题写的文字是《赤壁赋》，但初看这幅画，其和《赤壁怀古》中的景物描写更契合。

点拨：《赤壁怀古》中直接写景的句子为"乱石穿空，惊涛拍岸，卷起千堆雪"。"乱""穿"写山高石峻，拔地而起，直插云霄；"惊""拍"写海浪声若惊雷，势若奔马；"卷起千堆雪"由远而近，写出浪花层层叠叠席卷而来的气势。短短几句，有悬崖陡壁、惊涛骇浪，有静态，有动态，有仰视，有俯视，凸显了气势磅礴、壮阔雄伟的赤壁风景。

《赤壁赋》第一段描绘了赤壁景色，天光水色浩瀚无边，月色皎洁，一切平静而富有诗意。如"清风徐来，水波不兴"表现了秋江的爽朗和澄净；"徘徊"一词写出了月的依依不舍，脉脉含情；"白露横江，水光接天"的浩渺景色让人心旷神怡。

总结：同一个赤壁，景色迥异。这写景的差异和文体有一定关系。《赤壁赋》文体为赋，属于古代山水游记类散文，更接近写实；《赤壁怀古》是词，相比赋体，更具想象力，表达更自由，更易于词人抒情述志。王国维在《人间词话》中说："以我观物，故物我皆著我之色彩"，眼中景是心中情的外现。苏轼眼中"乱石穿空，惊涛拍岸"之景是不是折射出诗人内心的不平静？让苏轼不平静的是几百年前那一场赤壁之战吗？

3. 板块2：黄州风云

活动2：联系全篇，探究为何在《赤壁怀古》中写周瑜，在《赤壁赋》中写曹操？

（1）画出《赤壁怀古》直接谈论赤壁之战的句子：遥想公瑾当年，小乔初嫁了，雄姿英发。羽扇纶巾，谈笑间，樯橹灰飞烟灭。师生品读、分析。

点拨：写赤壁之战时的周瑜，平常思维、一般写法，肯定会着墨于一身戎装严阵以待，表现一个雄武勇毅的大将军形象。而这里是"羽扇纶巾"，让周瑜兼具文韬和武略，更添儒雅风采。而"谈笑间，樯橹灰飞烟灭"更是把惊心动魄、腥风血雨变成了儒雅笑谈，衬托出作为赤壁之战指挥者的周瑜是多么从容大气、指挥若定。

"小乔初嫁"的真实时间是建安三年（198）周瑜攻皖之战后，赤壁之战是建安十三年（208）。挪用小乔初嫁的史实是苏轼文人的审美和浪漫，可以衬托周瑜年轻有为、英俊潇洒，还可表现出周瑜志得意满、地位特殊。周瑜与孙策原是至交，"策纳大乔，瑜纳小乔"后又成连襟，关系非同一般。

明确：苏轼在《赤壁怀古》中把赤壁之战时的周瑜理想化了。周瑜的年龄、外貌、婚姻、功业、地位无不称心如意，"修身齐家治国平天下"的理想全然实现。当从神游周瑜的故国回到现实，不由自主地想到自身的境遇，早生华发、劫后余生、怀才不遇。所以，在词中写周瑜是苏轼的自况、自嘲，既有对英雄叱咤、功成名就的羡慕，又有对自己壮志难酬、境遇坎坷的伤感和悲慨。

（2）品读《赤壁赋》直接谈论赤壁之战的句子：方其破荆州，下江陵，顺流而东也，舳舻千里，旌旗蔽空，酾酒临江，横槊赋诗，固一世之雄也，而今安在哉？

点拨：《三国志》写到，当时曹操基本统一中国北方，是实力最强大的军阀。建安十三年，曹操亲率大军（号称80万）挥师东吴，当时东吴之主孙权特别恐慌，甚至想过投降。但身为大都督的周瑜力主抗敌。后来孙刘联军以火攻之计大破曹军，曹操撤回北方，从此奠定了三国鼎立的基础。"破荆州、下江陵"，描绘出曹军势如破竹、所向披靡之势，诵读时连得紧凑；"舳舻千里，旌旗蔽空"两句写出了百万雄兵挥师南下的宏大场面；"酾酒临江，横槊赋诗"，足见此时曹操指点江山的霸气。

明确：《赤壁赋》中写曹操是用"一世之雄""而今安在"的巨大落差抒发感慨："寄蜉蝣于天地，渺沧海之一粟"，"哀吾生之须臾，羡长江之无穷"……

（3）苏轼的这些伤感和痛苦都与另一场风云——"乌台诗案"有关。

参考资料PPT：

①元丰二年，苏轼因诗文讥刺时事而遭遇了一场从天而降的文字狱，世人称为"乌台诗案"。"乌台诗案"是东坡一生中最凶险的一场灾难，也是整个中国历史上最使人谈虎色变的文字狱典型。

②流寓黄州二年，适值艰岁，往往乏食，无田可耕，盖欲为陶彭泽而不可得者。（苏轼《晚香堂书帖》）

③我谪黄冈四五年，孤舟出没烟波里，故人不复通问讯，疾病饥寒疑死矣。（《送沈逵赴广南》）

④缺月挂疏桐，漏断人初静。谁见幽人独往来，缥缈孤鸿影。惊起却回头，有恨无人省。拣尽寒枝不肯栖，寂寞沙洲冷。（《卜算子·黄州定慧院寓居作》）

点拨：苏轼因为"乌台诗案"而被贬谪到黄州后，这个物质生活向来优裕的诗人缺衣少食，疾病少医，亲朋远避，饱尝人情淡薄。苏轼形容贬谪后的自己像缥缈尘世中的一只孤鸿。

4. 板块3：黄州风流

在《赤壁赋》中，苏轼用水与月的对比来阐述人生的道理；在《赤壁怀古》中，诗人用"人生如梦，一樽还酹江月"来纾解困厄之心。对于《赤壁赋》的写作时间，赋中有明确的表述："壬戌之秋，七月既望"，而《赤壁怀古》的具体写作时间还难以确定。

活动3：比较《赤壁赋》和《赤壁怀古》中苏轼情感的差异，推测写作时间的先后。小组讨论要求：以文本词句为依据，观点明确，条理清晰，理由充分。

小组代表发言。

示例：《赤壁赋》中用水和月作比，深透地观照宇宙人生。这里有庄子的相对论。"自其变者而观之"，则生命是短暂的；"自其不变者而观之"，则生命与物质世界又可以是无穷无尽的。其间的转化条件全在于人如何认识与物之间的关系，全在于人的体悟与取舍。这里还有佛家的哲学，七情六欲随缘生色，"耳得之而为声，目遇之而成色。取之无禁，用之不竭"，有一种"白发渔樵江渚上，惯看秋月春风"的豁达自由。而这种境界是以赋中开篇那宁静诗意、让人有逍遥游之感的赤壁风景为基调的，由曹操引发的感慨，表达的是一种出世的"风流"境界。

《赤壁怀古》里有苏轼政治理想落空的悲哀，但是苏轼的悲哀从来不像李后主那样沉溺在其中。"大江东去，浪淘尽，千古风流人物。"开篇气象宏大，由眼前所见直接穿越千古时空。"乱石穿空"的景物描写仿佛再现了当时风起云涌、惊心动魄的古战场。可是，周公瑾不也"浪淘尽，千古风流人物"了吗？"人生如梦"一句，有人读出虚幻，读出早生华发的伤感。但是，能发出"早生华发，时不我待"之感正是因为心里还有未实现的抱负，还渴望建功立业。《赤壁怀古》表达的是一种入世的"风流"态度。

明确：谁先谁后并不重要。重要的是，我们通过比较鉴赏，体会到了《赤壁赋》和《赤壁怀古》中表达情感之深沉。在赋和词中，进取与退隐、入世与出世、社会与个人都是交织在一起的。

拓展：苏轼在黄州，从庙堂走向自然，有时布衣芒履，出入阡陌之上；有时月夜泛舟，放浪山水之间。"三日七日，沙湖道中遇雨。雨具先去，同行皆狼狈"，苏轼独不觉。已而遂晴，写了一篇《定风波》。

齐读《定风波·莫听穿林打叶声》。

思考：怎么理解"回首向来萧瑟处，归去，也无风雨也无晴"？

明确："萧瑟"是风吹雨落的声音。"风雨"一语双关，既指自然风雨，也指政坛风雨、人生风雨。诗句中两个"无"值得细品。自然风雨已经过去，很好理解。那政治风雨和人生风雨如何转变为"无"？结合前面《赤壁赋》和《赤壁怀古》中苏轼情感的分析，水到渠成地理解当一个人拥有了平和、淡泊、安详、从容的内心，自然和人生的风雨又算什么？心定，风波定！这种超人的旷达自由的精神可以解释为一种"外儒内道"的人生态度。

现在，我们回首《赤壁山水图》，会有和初见这幅画时不一样的感触。可能这位现代画家画的正是他理解的赤壁山水和苏轼情怀，当内心真正平和旷达、超然物外，定会不惧惊涛骇浪的身外世界。

5. 课堂总结

参考资料PPT：

在黄州的五年是苏轼创作上的丰收期：著名的豪放词以及文赋的代表作《念奴娇·赤壁怀古》《前后赤壁赋》，被誉为宋代第一行书的《寒食帖》，家喻户晓的《定风波·莫听穿林打叶声》词作，以及清旷简远的小品文创作……还完成了《易传》九卷、《论语说》五卷以及起笔《东坡书传》（后于远贬岭海时完成）……

总结： 苏轼在黄州实现了他的精神突围，他由耀眼变为温暖，苏子瞻成为一个渺远的背影，而苏东坡却用一种永不褪色的姿态开始熠熠生辉。黄州也因此被称为"文赤壁"，接收后人对黄州风流的朝圣。这就是"赤壁山水万古情"。

（东坡的突围也是文化的突围，中华文化史产生了"赤壁双璧"，也产生了"也无风雨也无晴"的苏子哲学。赤壁山水，万古情怀。总结有如黄钟大吕，余音绕梁）

6. 布置作业

（1）寒假，由我们班负责策划高二学生去黄州赤壁的研学活动——"赤壁山水万古情"。请你拟写一则推荐语，文体不限，创意无限。

（2）阅读苏轼的《后赤壁赋》，选择至少一个角度比较分析"赤壁三绝"的情感异同。

山水风景，哲思人生

——《赤壁赋》与《登泰山记》美之PK

浙江省仙居中学　李　燕

中国有很多名山大川、奇山异水，这些奇美的风景被文人墨客写进他们的作品之中，成为独特的文学风景。今天，就让我们走进这些风景，来一场美之PK！

一、感知风景美、情思美

任务1：某文学网站将通过微信投票的方式评选"最美的古代文学风景"，《赤壁赋》和《登泰山记》进入最终评选。苏轼笔下的赤壁和姚鼐笔下的泰山，你觉得哪一个更美呢？

（1）双方各派代表诵读一个最美的片段，初步感知美。

（2）双方分小组讨论，找出两篇文章"美"的地方，发言分享，教师记录。

点拨：《赤壁赋》描写的是七月十六日泛舟夜游的风景所见，清风徐徐，水波不兴，皓月当空，皎洁明亮，水面雾气弥漫，朦胧优美，身处其中，仿佛御风遨游、羽化飞升，画面柔和素淡，给人以美感。

《登泰山记》，除夕前日，登上泰山山顶，青山被白雪覆盖，光照天南，夕阳映照之下，山水宛如画卷，半山腰飘浮的云雾更是为文章增添了美感。

除夕日，泰山日出，完整地呈现出整个日出过程，从日出前脚下云雾弥漫，青山白雪，林立云间到日出时天边一线异色，到变得五彩纷呈，再到日出后，山峰在朝阳之下，红白错杂，画面雄壮唯美，颜色热烈温暖。

不光风景美，还有情思美。

《赤壁赋》："盖将自其变者而观之，则天地曾不能以一瞬；自其不变者而观之，则物与我皆无尽也，而又何羡乎！"从不同的角度来看，自然万物和人类自身在本质上都一样，体现了苏轼看待问题的变通以及性格的洒脱豁达。

"且夫天地之间，物各有主，苟非吾之所有，虽一毫而莫取。惟江上之清风，与山间之明月，耳得之而为声，目遇之而成色，取之无禁，用之不竭，是造物者之无尽藏也，而吾与子之所共适。"对不属于自己的东西不存非分之想，对自己能把握的东西好好享受，体现了苏轼的知足常乐。

《登泰山记》："四十五里，道皆砌石为磴，其级七千有余。""道中迷雾冰滑，磴几不可登。"登山路程行进艰难，但是姚鼐依然坚持爬到泰山顶上，体现了他迎难而上、勇敢坚持的品质之美。

"石苍黑色，多平方，少圜。"泰山顶上的石头多有棱角，很少有圆形的，喻指了姚鼐内心的执着坚守。

"冰雪，无瀑水，无鸟兽音迹。至日观数里内无树，而雪与人膝齐。"泰山顶上孤寂无物的环境暗示了姚鼐此时的内心，表达了他的孤寂与决绝。

（学生找出美的语句，教师点拨朗读）

总结：（教师根据学生找出的美进行梳理，有些是风景的美，有些是人格品质、情思之美）赤壁和泰山各有其美，赤壁的水月让人感到诗意的优美，泰山的山日给人以磅礴的壮美，而两位作者寄托在山水中的情思更让我们感受到了作者独特的人格美。所以，究竟谁更美，是"仁者见仁，智者见智"了。

二、从人生态度看人生选择

苏轼在《赤壁赋》中让我们感受到了他的变通、洒脱、豁达、乐观、珍惜当下、知足常乐；姚鼐在《登泰山记》中则让我们看到了他的执着、坚守、坚持、孤寂、决绝、另辟蹊径。现在我们回过头来审视品味这些蕴含在文章中的情思，你会发现，这些实际上反映的都是作者的人生态度。孔子曾说："智者乐水，仁者乐山"，两位作者之所以在自己所写的文章中选择不同的山水风景，是因为这个风景本身就与作者的内心有某种契合。而这样的人生态度使他们在人生的某些时刻做出不同的人生选择。

展示写作背景：

《赤壁赋》写于苏轼被贬黄州两年后。因为反对王安石变法，所以苏轼被贬为黄州团练副使，并且"不得签书公事"。

写《登泰山记》时，姚鼐刚刚辞去了《四库全书》纂修官的职务。编写《四库全书》时，他的文学观点、主张根本不被重视，并经常受到上司打压。辞官后，姚鼐专心主持书院，从事教育。

总结： 写作此文的时候，两位作者都处于人生失意时期，苏轼选择的是用不同的眼光、从不同的角度看待眼前的困境，苦中寻乐，以乐观豁达的内心实现了精神突围；而姚鼐选择坚守内心，决然离开，另走出一条新的道路，以执着、决绝的态度完成了现实突围。

三、跨时空对话

任务2： 面对截然不同的两种人生选择，你更赞同哪一种呢？如果时空贯通，让苏轼与姚鼐面对面，你觉得他们会对对方说什么呢？

小组交流讨论，派代表发言。

学生示例：

（1）苏轼对姚鼐说："尽管人生有许多不如意，但碰上困难不顺心的事情应该乐观面对，而非逃离。"

（2）姚鼐对苏轼说："你还是尽快辞官吧。仅仅用不同的角度思考问题可能会暂时起作用，但是精神上的突围不能解决现实的困境。"

总结： 基于不同的人生态度，苏轼与姚鼐做出了不一样的人生选择。人的生活时代不同、性格不同、理想不同，面对的困难也不同，坚持与放弃都是一种智慧，二人的取舍并没有孰对孰错、高下之分，两个人都看到了自己人生旅途中的美丽风景。

四、以文字荐哲思

任务3： 网站要为两篇文章录制拉票宣传短片，请根据你感悟到的风景之美与情思之美，为自己支持的"最美文学风景"写上一段推荐语，为其拉拉票吧！

学生示例：《赤壁赋》这篇文章写游赤壁之所见闻，一小舟漂荡在江水山月间，尽显赤壁缥缈朦胧的自然之美，同时表达出作者豁达乐观、追求自由之内心，风景之美与情思之美完美地融合为一体，堪称"最美文学风景"！

《登泰山记》在大雪初霁的冬日爬泰山，苍山负雪，半山居雾，日出绚烂，雪后的泰山呈现出别样的自然美景。而作者姚鼐另辟蹊径的登山路径、坚守孤寂的泰山风景，给予了我们不同的人生启示，在人生困境面前，或许我们还是应该选择听从内心，换另一条路径走出人生不一样的风景。

小结：宋代禅宗大师青原行思写过"人生三境界"，今天，我们领略了赤壁和泰山或优美、或壮美的景色，所谓看山是山，看水是水；我们也感受到了两位古人在山水当中所寄托的情思，所谓看山不是山，看水不是水；我们更懂得了古人在江湖风波中坚守自我的本色，原来最美的山水也是最美的自己，所以看山仍是山，看水仍是水。

最后，我写了一副对联作为推荐语，与同学们共勉：

人生不如意，或游或登，负雪流光共欣赏。

山水有相逢，亦喜亦忧，把盏临风且从容。

注：此案例根据台州市第九届高中语文教学大比武课堂教学情况整理而成，李燕老师获得该项比赛一等奖第一名。

寻找散文中的"我"

——《赤壁赋》《登泰山记》对比阅读

北京师范大学台州附属高级中学　樊庆辉

"智者乐水，仁者乐山"，可见人的自然情怀是其素养与精神的体现。品读散文，唯有寻找散文中的"我"，方见作者的本真性灵以及作者的个体情怀与人格思想。

一、对比标题——显隐见"我"

任务1：梳理与探究课文内容，对比标题，发现散文中的"我"。

要求：①立足文本内容，能否将《赤壁赋》改成《游赤壁赋》，与《登泰山记》在标题形式上保持一致，并说明理由；②通过标题中动词的显隐之辨，说说你在两文中各发现了一个怎样的"我"（见表1）。

表1　标题比较

游事		
动词	地点	文体
	赤壁	赋
登	泰山	记

小结：通过标题动词的显隐之辨，我们知道《赤壁赋》不重在写所游之事，而是重在借景进行抒情和说理，所以标题不加"游"字，反之则画蛇添足。而《登泰山记》则重在叙写所游之事、所见之景，因此标题中的"登"字

必不可少。聚焦记叙所游之事的语句，我们在《登泰山记》中发现了一个登山跨年、顶风冒雪、不畏险危、与众不同、矢志登顶的"我"，而聚焦《赤壁赋》中记叙所游之事的语句——"壬戌之秋，七月既望，苏子与客泛舟游于赤壁之下"，我们所获甚微，姑且说是发现了一个情趣高雅的"我"。

二、绘制插图——分图寻"我"

任务2：绘制《赤壁图》和《泰山图》，于美景中寻找散文中的"我"。

要求：①在两幅插图中，要呈现作者所见的主要景象和物象；②按照游赏的时序，尝试将两幅插图切分为《赤壁连环图》和《泰山连环图》，并说说你于美景中发现了一个怎样的"我"（见表2）。

表2　图景中的"我"

《赤壁连环图》	寻"我"	《泰山连环图》
《待月图》		《赴山图》
《月升图》		《登山图》
《望月图》		《观日图》
《月落图》		《立雪图》

小结："有我之境，以我观物，故物我皆著我之色彩"，置言之"我"在景中。在《待月图》中，我们发现了一个情趣着实高雅的"我"；在《月升图》中，我们发现了一个天人合一、极度欢乐的"我"；在《望月图》中，我们发现了一个情变智升、权变通达的"我"；在《月落图》中，我们发现了一个主客一体、儒释道融合的"我"。于叙事中写景为游记的一大特点，在《赴山图》和《登山图》中，我们同样发现了一个登山跨年、顶风冒雪、不畏危险、与众不同、矢志登顶的"我"；在《观日图》中，我们发现了一个于冰寒的世界中执着于日落日出之美的"我"；在《立雪图》中，我们发现了一个于万籁俱寂中、于冰寒包围中卓然而立的"我"。概言之，苏轼和姚鼐分别在特定的时间走进了祖国的大好河山，在游赏山河之美中，前者见于通脱、豁达之智情，后者见于坚韧、超拔之精神。

三、锁定背景——还原本"我"

任务3：回读背景资料，还原本"我"。

要求：①于背景资料中提炼关键词，还原本"我"，解决课前阅读时的两个疑惑：一是苏轼在"饮酒乐甚，扣舷而歌之"的极乐之时，所唱之歌令人生疑；二是姚鼐登山跨年，不顾还家孝亲与家人团聚的传统习俗，令人匪夷所思。②细读文本内容，说说你发现了一个怎样的"我"（见表3）（小组合作探究）。

表3　潜藏的"我"

还原本"我"	游前苏轼	游时苏轼	登山前姚鼐	登山时姚鼐
关键词	进士出身 仁宗赏识 多地任职 含冤被贬	年富力强 仕途失意 儒者风骨	进士出身 不睦同僚 诗文兼修 以病致仕	年富力强 仕途失意 儒者风骨

小结：通过锁定背景，聚焦于人，我们知道两个"怪人"之所以怪，皆因年富力强、仕途失意、为贤臣却求而不得所致。苏轼之乐并非极乐，并非情绪无常，而是于乐中潜藏着"纵一苇之所如，凌万顷之茫然"的人生渺小无依、浮沉飘荡之感，潜藏着如屈原般"望美人兮天一方"，想做贤臣而不得的无尽悲伤与失落之情。与曹操对比，更见其哀叹自己不只是比不过曹操，简直是空有人生，虚度光阴，进取无着，生命与人生毫无价值，毫无存在感。于是苏轼将"哀吾生之须臾，羡长江之无穷"这对矛盾绝对化，将悲情溢满山河，震烁儒者襟怀。按照俗儒的逻辑本应至此而止，怎奈苏轼是一雅儒，见"水与月"而生哲思，用庄子的相对论"变与不变"，从绝对矛盾中看到了其间的转化和统一，兼以佛家的七情六欲随缘而生的哲学来彰显豁达——"耳得之而为声……用之不竭"，从而让我们看到了一个被道、佛两家思想浸润了的通脱、豁达的儒者形象——"我"。总而言之，通过还原本"我"，探究文本内容，让我们看到了一个于自然山水中获得自我澄明、自我通达、自我革新的"我"。

无独有偶，同样年富力强、仕途失意、为贤臣却求而不得的姚鼐，弃传统习俗于不顾，登山跨年着实另类，但此游已证"以病致仕"是假，而假的背后则是儒家进取精神的真实流露。这让我们看到了一个于恶途中坚韧、于险峰中壮怀、于"雪与人膝齐"中宁静致远的守道者、超拔者——"我"的真实存在。

四、辨析文体——高扬真"我"

任务4：辨析"赋"与"记"文体在抒情上的异同。

要求：①找出文本中抒情的语句或有情感表现力的词语，分析抒情特点，并说说作者是如何借助文体来高扬"我"的真情的；②再读《登泰山记》，思考第1、4段可不可以删去（见表4）。

表4　寻找抒情点

文体	抒情的语句或有情感表现力的词	抒情特点
赋	示例：其声呜呜然……泣孤舟之嫠妇	酣畅淋漓
记	示例：负、若	言简意赅

小结："作者思有路，遵路识斯真。"两文在抒情上的共同特点是借景抒情；不同点在于，赋者情感表达酣畅淋漓，记者情感表达则言简意赅。苏轼正是通过"怨""慕""泣""诉"四个动词、四个喻体来铺陈"其声呜呜然"之悲，以"舞幽壑之潜蛟，泣孤舟之嫠妇"来夸张音乐的感染力。表面是写音乐，是写客的心情不好，实则隐藏了自己与屈原、李贺、白居易的情感共鸣，即愿而不得、人生失意。主客问答亦如此，表面是借客之口来否定曹操，哀叹自己，实则隐藏了自己的人生失意之悲。"浩浩乎……飘飘乎……"亦如此。因此，铺陈、夸张、主客问答是赋体文用来抒情的主要艺术技巧。所谓"酣畅淋漓"的抒情特点只不过是包裹真"我"的一层"面纱"罢了。透过"面纱"，我们知道苏轼借助赋体来高扬真"我"，即高扬"乌台诗案"后吃一堑、长一智的"我"，高扬一个豁达面对人生逆境的"我"。

"义理、考据、辞章"是姚鼐的文学主张。通过品析文本中的多个动词、形容词以及比喻句，可见其笔力雄健、要言不烦，即为"辞章"之力。第1、4段不可删，可见其讲求实事求是、出言有据，即为"考据"之效。在"辞章"和"考据"中所寄寓的坚韧、超拔的儒家进取精神，即为"义理"之旨。由此，我们知道姚鼐正是借助记的文体来高扬一个可以失官但不可以失学术主张的"我"，来高扬一个弃官治学、坚韧超拔的"我"。

通过以上对比阅读，我们看到了一个以豁达之心安于现状的"我"，看到了一个以进取之心不安于现状的"我"，从而启示我们在现实生活中，无论是安于现状还是不安于现状，只要"我"心中有光，心中有儒家进取精神的大道，那么人生的意义与价值终将不会缺席。

五、读书读人，书写风采

任务5：写一篇游记（作业）。

要求：文体明确；能在借景抒情中抒发自己独特的情感体验、人格思想；不少于800字。

失意文人的精神突围

——《赤壁赋》《登泰山记》联读

浙江省三门中学　李秀娥

苏轼被贬黄州，在赤壁找到了寄托，夜游赤壁，饮酒作赋；姚鼐自请回乡，却在途中转道泰山，雪中登山，五更观日。两位失意人不约而同地将自己投于山水之间，试图为不安的心灵寻找到理想的栖居地。赤壁和泰山是否能妥善安放他们的心灵？他们又将以什么样的方式来实现自己的精神突围？

一、我读我品——品读语言，初会其人

任务1：选择自己最喜欢的一句或一段，体会该句的节奏与情韵，朗读。

任务2：小组内分享朗读感受和语言特点，初步感受二人不同的文风与性格。

1. 音韵

……章……上……江……慕……诉……妇

……鹿……属……粟……穷……终……风

2. 用词

侣……友……驾……举……寄……渺……哀……羡……挟……抱……知……托……

乘……历……穿……越……至于……循……道……越……复循……至……

多……少……多……少……少……多……无……无……无……

3. 句式

举酒属客，诵明月之诗，歌窈窕之章。少焉，月出于东山之上，徘徊于斗牛之间。白露横江，水光接天。

山多石，少土；石苍黑色，多平方，少圜。少杂树，多松，生石罅，皆平顶。

4. 修辞

诵明月之诗，歌窈窕之章。舞幽壑之潜蛟，泣孤舟之嫠妇。

苍山负雪，明烛天南。正赤如丹。

5. 语言风格

小结：

《赤壁赋》采用主客问答的方式，写景诗情画意，语言优美流畅，有押韵，有排比，骈散结合，长短结合，自由灵活，并不死板，集中展现了其清新豪健的风格和创新包容的艺术性。

《登泰山记》将小细节和大印象相结合，叙述简洁明快，语言雅致有情韵，多短句，多动词，常有妙语，比喻新奇，典型地体现了桐城派散文"平正雅洁"的特点。

二、我写我问——归纳思考，质疑其文

任务3：小组共同完成"预习任务单"（见表1），重点关注"我的理解或疑惑"。

任务4：小组长记录组员所有问题，并由提问最少的同学代表小组发言，展示本组同学最有价值的问题。

表1　预习任务单

	《赤壁赋》	《登泰山记》	我的理解或疑惑
文体	赋：以颂美和讽喻为目的，讲究文采、韵律，兼具诗歌和散文性质，多用铺陈叙事的手法	记：多以记述为主而兼有议论、抒情成分，多抒发情怀抱负，阐述某些观点	（1）《赤壁赋》似乎没有"颂美""讽喻"，而是讲述哲理？ （2）《登泰山记》似乎看不到情怀抱负和观点

续 表

	《赤壁赋》	《登泰山记》	我的理解或疑惑
游览时间	七月既望（农历七月十六日）	十二月戊申晦（农历腊月最后一天，即除夕）	作者有意避开最热闹的时间段，避开大家公认的活动，选择最清静的时间、最偏僻的路线去寻觅自己心中的景，去参照景物中的自我
游览地点	赤壁	泰山	据说苏轼所游赤壁不是真正的赤壁之战的地方，因而苏轼在文学上更有名；姚鼐的登山线路是少有人走的南麓，泰山本来就是历史文化圣地
游览原因	被贬	编辑《四库全书》时与纪昀不和，自请回乡，路过泰安	山水往往是古代文人排遣抑郁失意的渠道，是心灵的寄托
游览者	苏轼和客	姚鼐和知府朱孝纯	"客有吹洞箫者"到底有没有是个谜，是为了衬托"主"。朱孝纯在《登泰山记》中纯属"到此一游"，没有多余笔墨
主要游览景物	江风水月	冰雪日出	"赋"中铺陈写景并不多，但名句迭出，令人惊艳；"记"中文字简洁，但形象鲜明，印象深刻
景物主要特点	江上风清月明，意境清爽开阔	泰山高峻雄浑，日出壮美绚丽	为什么两个失意人的眼里景物没有"失意"？怎样才能用简洁的语言写出景物的独特之美

三、我思我在——对话编者，表达自我

经过大家对课文内容的梳理，我们发现了无论是赤壁的清风明月，还是泰山的冰山雪日；无论是酣畅淋漓论说的水月，还是惜字如金描述的雪日，似乎都与作者的处境和心境有着微妙的关联。那么，两位作者到底想表达什么样的情怀呢？

课本第105页的"单元说明"里有这样的句子："有夜游赤壁的吊古伤今，登临东岳的畅想。"你赞同这两种说法吗？再次朗读文章的相关句子，说出你的见解。要求有理有据，层次清晰。

小结：

无论是否赞同编者的结论，同学们都能不惧权威，独立思考，并且结合诗文内容，援引文句，有理有据地表达自己的观点。"仁者见仁，智者见智"，对文本的解读本来就没有标准答案。对话编者的勇气以及表达自我的能力本身就是这节课的巨大收获。

在我看来，夜游赤壁的苏东坡有"吊古"，比如写到曹操昔日的文采武功被"大江东去浪淘尽"的伤感，确实有"伤"。但是"伤今"不是最主要的，因为后半部分明显表现出乐观豁达之情。"吊古伤今"的意思是凭吊古迹，追忆往昔，对现今状况有所感伤。这里的"现今状况"应该更多的是古迹的现今状况，而不是个人。所以，"吊古伤今"不如说是"触景生情，怀古伤己，归于通达"。

而《登泰山记》中，姚鼐的情感表现得极为克制，我们能从登山过程中读出期待，从景物描写中读出登顶观日的喜悦与独享天地的自在，也能读出石刻漫灭的遗憾。但非要读出"畅想"，于我是有难度的。

四、结束语

苏轼有一首《卜算子》："……谁见幽人独往来，缥缈孤鸿影。……拣尽寒枝不肯栖，寂寞沙洲冷。"词中透露出一种难言的寂寞和骄傲的孤独。正是这种孤独，让苏轼和姚鼐走出人群的喧闹，走出官场的芜杂，走进无言而有大美的山水，实现了两个失意文人的精神突围。

登山临水，安放心灵

——《赤壁赋》与《登泰山记》对比阅读

浙江省温岭市第二中学　林佳

孔子说："智者乐水，仁者乐山。"自然山水往往能令人摆脱物欲的牵累，忘却人世的纠缠，荡涤愁肠，疗愈心灵。让我们跟着苏轼和姚鼐游赤壁，登泰山，领略大师笔下的山水之美，探究他们在山水美景中寄托的情感和人生态度。

一、课前预习检查

总体阅读两篇文章，整体把握（见表1）。

表1　预习检查

	《赤壁赋》	《登泰山记》
何人	苏子与客	姚鼐与知府朱孝纯子颍
何时	元丰五年，壬戌之秋，七月既望	余以乾隆三十九年十二月丁未
何故	因乌台诗案（元丰二年）被贬谪黄州（今湖北黄冈）	乾隆三十九年秋《四库全书》初稿完成，姚鼐以病羸、养双亲为由致仕
何地	黄州赤壁	泰山
何景	水月	雪日

二、登山临水品景明情

任务1：品景、明情、悟理。

活动1：品景。

请结合文本赤壁水月图和泰山雪日图，选两处你最喜欢的景物描写进行赏析，并用几个词概括景物特点。

（1）清风徐来，水波不兴。举酒属客，诵明月之诗，歌窈窕之章。少焉，月出于东山之上，徘徊于斗牛之间。白露横江，水光接天。纵一苇之所如，凌万顷之茫然。浩浩乎如冯虚御风，而不知其所止；飘飘乎如遗世独立，羽化而登仙。

（2）道中迷雾冰滑，磴几不可登。及既上，苍山负雪，明烛天南；望晚日照城郭，汶水、徂徕如画，而半山居雾若带然。

戊申晦，五鼓，与子颍坐日观亭，待日出。大风扬积雪击面。亭东自足下皆云漫。稍见云中白若摴（chū）蒱（pú）数十立者，山也。极天云一线异色，须臾成五彩。日上，正赤如丹，下有红光，动摇承之。或曰，此东海也。回视日观以西峰，或得日，或否，绛皓驳色，而皆若偻。

赏析示例：

"清风徐来，水波不兴"表现了赤壁的静谧之美。"白露横江，水光接天"写出了水天一色的浩瀚广阔，缥缈朦胧。"纵一苇之所如，凌万顷之茫然"表现了在浩渺的江面荡舟的自由之美。

"明烛天南；望晚日照城郭"："烛"和"照"区分出两种不同光亮的强弱。傍晚雪山的光亮和夕阳的光辉，用词精当。"苍山负雪"："负"字化静为动，拟人手法，极为形象。日出前：作者敏锐地捕捉到天地相接处的一线异彩的细微变化，展开具有感染力的描述。"须臾"言其变化之快。日出时：红日高升，气势磅礴，绚丽而壮美。日出后：用比喻手法写出西南诸峰的特点，反衬日观峰的雄峻。

景物特点：

赤壁水月：清幽朦胧。

泰山雪日：夕照图——淡雅高远。

日出图——绚丽壮观。

活动2：明情。

在两篇文章中，你体会了作者怎样的情感？

（1）《赤壁赋》先写泛舟夜游，饱赏秋景，是乐；接着写吟诗听箫，吊古伤今，将曹操与自身进行对比，将宇宙无穷与人生须臾进行对比，由乐转悲；再写悲中求解，以水月之喻自我安慰，从变与不变来看，宇宙与"我"都是一样的，更何况有取用不尽的清风明月，于是转悲为喜。整篇文章的感情线索是"乐—悲—喜"。

（2）《登泰山记》文字简洁，不涉悲喜，情感十分含蓄。这与桐城派冷峻、含蓄、枯淡的文笔特点是一致的，但在写景叙事中也可窥见作者隐含的情感。如登山前的急切、热情。"乘风雪"：从人身不由己，只能随风雪而行的动作里渲染了风狂雪紧的隆冬景象和风雪的巨大威力。"自、历、穿、越、至"，动词蝉联而下，既吻合描写对象，又充分表现出旅途的艰苦，写出作者风尘仆仆、风雪兼程、急于登泰山的浓厚游兴。登山时天气恶劣也表现出作者游兴之浓。"道中迷雾冰滑，磴几不可登。""大风扬积雪击面"："击"字极言风雪之大以及登山后的欣喜、豪迈。看到绚丽壮观的日出，不难想见作者油然而生的欣喜豪迈之情。

活动3：悟理。

说说苏轼从赤壁水月中悟出了什么？你又从泰山雪日中悟出了什么？

苏轼观赤壁水月悟到，天地万物"苟非吾之所有，虽一毫而莫取"，"自其变者而观之，则天地曾不能以一瞬；自其不变者而观之，则物与我皆无尽也"。所以我们不要把得失看得太狭窄。清风明月是多么美好，我们可以尽情地享受，为什么我们还追求那微末的、渺小的、物质上的，或者说是名利禄位的得失呢？由此，苏轼解开被贬黄州的心结，超然物外、旷达乐观。

古人登泰山一般循东谷入，而姚鼐开始"余始循以入，道少半，越中岭，复循西谷，遂至其巅"。而且在大雪之后，迷雾冰滑的时候登山观日出，却看到了淡雅高远、不失阴柔之美的雪后夕照以及绚丽壮观、极具阳刚之美的泰山日出。姚鼐不走寻常路，在天气极度恶劣的情况下登上泰山，看到壮观的日出，可见"而世之奇伟瑰怪非常之观常在于险远，而人之所罕至焉"，也算是"无限风光在险峰"吧。

三、物与神契心灵远游

任务2：结合创作背景及水月与雪日中蕴含的"情理"，对比苏轼"夜游赤壁"与姚鼐"登山观日"的"目的"有何异同？

补充背景资料

1.《赤壁赋》写于苏轼一生最为困难的时期之一——被贬谪黄州期间

元丰二年，因被诬作诗"谤讪朝廷"，苏轼因写下《湖州谢上表》，遭御史弹劾并扣上了诽谤朝廷的罪名，被捕入狱，史称"乌台诗案"。"几经重辟"，惨遭折磨。后经多方营救，于当年十二月释放，贬为黄州团练副使，但不得签署公事，不得擅去安置所，这无疑是一种"半犯人"式的管制生活。元丰五年，苏轼于七月十六日和十月十五日两次泛游赤壁，写下了两篇以赤壁为题的赋，因此后人称第一篇为《赤壁赋》，第二篇为《后赤壁赋》。

元丰三年正月到黄州，苏轼一住就是五年，在这里，他生计困难，在友人的帮助下，开了几十亩荒地，掘井筑屋，躬耕其中，号"东坡居士"。

在黄州时，苏轼的思想是矛盾的：一方面，他对受到这样残酷的打击感到愤懑、痛苦；另一方面，时时想从老庄佛学中求得解脱。同时，在他躬耕农事与田父野老的交往中，感到了温暖，增强了信心，他一方面表现了旷达自适的性格；另一方面也使他的思想更接近现实。

2. 写《登泰山记》前后的姚鼐

① 乾隆三十八年，清廷开四库全书馆，姚鼐被荐入馆充纂修官。总纂官为政坛文坛双宿将纪晓岚。

② 乾隆三十九年，《四库全书》完成，姚鼐"以病羸""养双亲"为由上述致仕，大学士于敏中、梁国治先后动以高官厚禄，均被坚辞。后姚鼐补述辞官原因："被疾还江南""余病归""鼐以疾归""鼐以疾还""鼐以病归"。（《惜抱轩诗文集》）

③ 乾隆三十九年十二月除夕，登上泰山。随后游灵岩，盘桓数日，作《游灵岩记》。

④ 乾隆四十年元月，游完灵岩，返回京师，处理完公私事务，数月后，南归故里。

⑤乾隆四十一年，离开故乡安徽桐城，前往江苏扬州主持梅花书院。

3. 相关文章节选

①纂修（《四库全书》）者竞尚新奇，厌薄宋元以来儒者，以为空疏，掊击讪笑之，不遗余力。先生（姚鼐）往复辨论，诸公虽无以难，而莫能助也。将归，大兴翁覃溪（翁方纲）学士为叙送之，亦知先生不再出矣，临行乞言，先生曰：诸君皆欲读人未见之书，某则愿读人所常见书耳。——姚莹《从祖惜抱先生行状》

②去秋始得《四库全书》一部，阅之，其持论大不公平。鼐在京时，尚未见纪晓岚（纪昀字）猖獗若此之甚，今观此，则略无忌惮矣。岂不为世道忧邪？鼐老矣，望海内诸贤，尚能捄（救）其敝也。——姚鼐《与胡雒君书》

苏、姚的相同点在于，他们都在登山临水中派遣苦闷，安放心灵。不同点在于，苏轼被贬黄州，仕途坎坷，人生低谷，夜游赤壁，把悲喜之情与超然物外的人生之理融入赤壁"水月"中，实现了乐观豁达的精神突围。而姚鼐以养亲为借口辞官，远离官场，在仕途尽头、人生路口登山临雪，把欣喜之情与无限风光在险峰的人生之理融入泰山"雪日"中，实现了超然洒脱的华丽转身，从此开启了人生的新篇章。

小结： 苏轼和姚鼐经历人生大转折时，登山临水，将心灵寄托于山水之间，并走向了不同的人生之路。可以说，苏轼是在矛盾中走向理性、旷达。而姚鼐是在激荡中走向淡定、自足。

中国文人爱说"人生如寄"，寄于何处？也许书斋和山林是他们最愿意借以安身立命的所在。尤其是自然山水能令人摆脱物欲的牵累，忘却人世的纠缠，荡涤愁肠，安放心灵。所以在面对人生困境时，他们往往会到自然山水中去寻找安慰和力量。自然山水是朋友，也是老师。而面对人生的风雨，我们可以像苏轼一样"何妨吟啸且徐行""一蓑烟雨任平生"，也可以像姚鼐一样，另辟蹊径，走出一条新路。何去何从，不妨登山临水寻求答案。因为天地有大美，大智慧。

四、人生海海唯求心安

任务3：走近作者，撰写人物短评。

苏轼和姚鼐在经历人生大转折时，登山临水，将心灵寄托于山水之间，并走向了不同的人生之路。你更赞赏哪一种人生选择呢？请选择其中一人写一篇300字左右的人物短评。

补充资料：

1. 游赤壁后的苏轼

元丰八年，司马光复相，苏轼升任朝奉郎知登州。四个月后，还朝任礼部郎中。再升翰林学士、知制诰，知礼部贡举。

元祐四年，政见不合，以龙图阁学士出知杭州。整治西湖，修苏堤。

元祐六年，受人攻击，调知颍州。整治颍州水利，修筑堤坝。

元祐七年，调知扬州，关心百姓，请求朝廷暂时停止催欠。

元祐八年，君臣不睦，调知定州，肃贪倡廉。

绍圣元年，新党执政，被贬远宁军节度副使，惠州安置。

绍圣四年，再贬琼州别驾，儋州安置，兴办教育。

元符三年，赦复为朝奉郎。北归回朝任职，途中病逝常州。

2. 登泰山后的姚鼐

乾隆四十一年至四十三年，主持扬州梅花书院。

乾隆四十五年至五十二年，主持安庆敬敷书院。

乾隆五十三年至五十四年，主持徽州紫阳书院。

乾隆五十五年至嘉庆五年，主持江宁钟山书院。

嘉庆六年至十年，主持安庆敬敷书院。

嘉庆十年至二十年，主持江宁钟山书院。

嘉庆二十年，卒于江宁钟山书院。

南归后的姚鼐主要在江苏、安徽一带教学著书，桃李满天下，研究领域广阔，涉及文学、哲学、史学、诗学、文章学、书法史等多方面。而苏轼一生虽宦海浮沉，但文章等身，以诗词散文和艺术论述两个方面为主，在绘画、书法甚至美食方面都有很大成就，对后代文人的精神影响很大。

沟通之法，文质兼美

——统编高中语文教材必修下册第一单元联文鉴赏

浙江省仙居中学　马星星

沟通是人与人之间进行思想与感情的传递和反馈，以求达成思想一致和感情通畅的过程。我们的经典文学作品对"沟通"一词有更加形象生动的诠释，让我们从这些经典作品的人物对话中，探求更为丰富而实用的"沟通艺术"。

一、同类聚合，寻求关联

任务1：从对话人身份的角度梳理和归纳"沟通的类型"。

要求：①找出每篇文章的对话人，概括沟通类型；②以同类聚合的方式寻求关联点（见表1）。

表1　沟通的类型

篇目	对话人	沟通类型	类型归纳	
《子路、曾皙、冉有、公西华侍坐》	孔子对弟子	师对生	师生对话	
	弟子对孔子	生对师		
《庖丁解牛》	庖丁对文惠君	民对君	君民对话	上下级之间
《齐桓晋文之事》	孟子对齐宣王	臣对君	君臣对话	
《烛之武退秦师》	烛之武对秦穆公	臣对君		
	郑文公对烛之武	君对臣		
	晋文公对子犯			

续　表

篇目	对话人	沟通类型	类型归纳	
《鸿门宴》	范增对项羽	臣对君	君臣对话	上下级之间
	项伯对项羽			
	樊哙对项羽			
	张良对刘邦			
	刘邦和项羽	英雄对英雄		平级之间

小结：本单元的每篇选文都涉及人物之间的对话与说理，有师生和君臣之间，也有上下级和平级之间；有成功的正面经验，也有失败的反面教训，这些不同的沟通艺术对我们解决实际的交际困境都具有很好的借鉴意义。在当下高度发达的信息社会中，人往往沉浸于自我世界，在与人沟通上存在较多困境，立足文本探究不同人物在不同场合的"对话说理艺术"，以求用"文本之道"解决"生活之困"。

二、整合资源，融合渗透

围绕"沟通艺术"，整合"课内和课外""文本和生活"相融合的教学资源，使课内和课外互为诠释，生活与文本相映成趣，树立"生活即语文"的"大语文"意识。

课外文本：张辽劝说关羽。刘备和张飞被曹操困在芒砀山，关羽不顾劝阻，带两千铁骑对抗曹操的五万大军，反被包围。曹操非常欣赏关羽的忠勇，于是就让下属张辽（关羽的旧友）去劝降关羽，关羽凛然答道："大丈夫岂能临危而惧！我尽忠尽义而死矣。"劝说如下：

辽曰："兄今即死，其罪有三。当初刘使君与兄结义之时，誓同生死，今使君方败，而兄即战死，倘使君复出，欲求兄相助，而不可复得，岂不负当年之盟誓乎？其罪一也。刘使君以家眷付托于兄，兄今战死，二夫人无所依赖，负却使君依托之重，其罪二也。兄武艺超群，兼通经史，不思共使君匡扶汉室，徒欲赴汤蹈火以成匹夫之勇，安得为义？其罪三也。"

生活实例："华为云"销售劝说"得到App"董事长。"得到App"旨在为用户提供知识服务，数据是其立身之本，保存在"云"上，"华为云"（在中国实力排名第三）曾多次试图与"得到"取得合作，但是，由于其在"阿里云"（排名第一）积累了稳定的客户资源，因此虽经多次沟通，但并未取得合作。就在得知"得到"将要拓展新的to-B业务（华为擅长的领域）时，"华为云"的销售给"得到"发了一封邮件，成功劝服其与"华为云"确立了长期合作关系。劝说如下：

听说"得到"将要拓展to-B业务，我们本着负责任的精神，精挑细选出一个优质客户，请给我们一个联系方式，我们帮您促成。这个合作，请你们不要有压力，也不要有顾虑。我们非常关心这个项目的进展，一旦确定合作，必然会投入最优质的资源和最优秀的人员为"得到"服务。我们坚信"华为云"是"得到"最正确的选择。虽然我们没有"美式装备"，但是在你最需要的时候，我们一定是金刚川上的那座"人桥"。

三、说理沟通，评点鉴赏

任务2：使用"评点"的学习策略，以小组合作的形式，试从"语言艺术"和"说理策略"两个角度对文本中的对话说理艺术进行评析（见表2）。

表2　说理艺术评析

篇目	人物	对话语言	评点		
			说理策略	语言艺术	效果
《齐桓晋文之事》	孟子				
《烛之武退秦师》	烛之武				
《鸿门宴》	刘邦				
	范增				
	张良				
生活实例	"华为云"销售				
课外文本	张辽				

1. 君劝臣

晋文公："子犯请击之，公曰：'不可。微夫人之力不及此。因人之力而敝之，不仁；失其所与，不知；以乱易整，不武。吾其还也。'亦去之。"

（1）语言艺术。

① 从句式上看，语言工整，铿锵有力。

② 从用词上看，简洁短促，坚决果断，不容置疑。

③ 从语气上看，"吾其还也"中"其"表"祈使"语气，带有请求或命令的意味，语气更加强烈。

（2）说理策略。

① 条理清晰，分层推进。从"不仁""不知""不武"三个角度进行劝说，构成排比，一气呵成，条理清晰。"不仁"是道德上不允许，"不知""不武"是客观上不能够，从"不仁"到"不知""不武"是逐层推进，片言居要。

② 措辞得体（切合对象、场合）。这样的说理方式用在烛之武对秦穆公的劝说上就很难成功。因为晋文公劝子犯是君劝臣，而烛之武劝秦穆公是臣劝君，不同的说话对象决定了不同的说理策略，这启示我们有效的说理要切合对象。此外，在大敌压境的特定场合下，作为三军统帅，掌握所有将士的安危和国家的命运，理应坚决果断，即说理要切合场合。

2. 臣劝君

《齐桓晋文之事》中孟子的说理艺术。

（1）语言艺术。

多用比喻、举例论证，使抽象的道理更加生动形象，高深的道理更加通俗易懂，并连用反问句构成排比，增强说理的气势。

（2）说理策略。

① 转换视角，寻求共同之处。站在对方的立场上，寻求双方观点的相通点。齐宣王的主张——"霸道"与孟子的主张——"王道"，两者看似截然不同，但实则殊途同归，都可以让齐宣王达到"称王"的目的，这是双方进行沟通的重要心理前提——立场一致。

② 切其所需。研究对方的诉求，切合对方的需要。齐宣王的诉求是称王，孟子的"王道"主张刚好可以满足这一需求。由"你这样做不好，所以你要听我的"转变为"你那样做会更好，你不妨试一下"的说理思路。

③ 晓以利弊，先破后立。孟子将"霸道"的弊和"王道"的利对照比较，结果显然易见，齐宣王自然会心悦诚服地接受"王道"的主张。

3. 平级相劝

《生活实例》中"华为云"销售的说理艺术。

（1）语言艺术。

① 措辞得体，言之有礼。从用词上看，"精挑细选、必然会、最优质、最优秀、坚信、最正确、最需要、一定"都最大限度地表达了"华为云"的诚意。

② 从句子上看，"我们没有……，但是……"这句话的言外之意是"即便我们一无所有，但是只要你需要，我们一定会倾其所有"。"人桥"是帮助"得到"走出困境的桥梁，而且是用人力搭建的，诚恳至深。

（2）说理策略。

① 转换立场。常规的劝说是站在自己的立场，但"华为云"的销售却是站在对方的立场，为对方提供解决其难题的方法，缓解对方的心理压力。

② 切合对方的需求，寻求一致，达成共识。客户会让"得到"心动，但更让其心动的是，拓展的to-B新业务恰恰是华为擅长的领域，这些无疑都切中了"得到"的需求。

③ 分层推进。只是诉诸利益的合作未必让人心悦诚服，倘若再诉诸情怀，通过分层推进，便能使合作关系更加巩固。

小结：虽然这些对话说理发生在不同的人、不同的时代，但是无论时空怎么变化，因为人性是相通的，所以我们总能得出一些规律性的说理艺术。

第一，需要针对不同的对象和场合，做到措辞得体——言之有礼；第二，最重要的策略是转换视角，不是从自己的而是从对方的视角看问题，使说理由"说服"变成"合作"，双方关系由"对手"变成"战友"——言之有方；第三，研究对方的需求，有针对性而不是泛泛地说理——言之有物；第四，需要从正、反两个方面分析事情结果的利弊，即晓之以理——言之有理；第五，说理不只是讲道理，更要辅之以事实论据，即立足实际——言之有据；第六，说理与其在一个维度上无限延伸，不如在多个维度上分层推进——言之有序（见表3）。

表3　说理艺术总结

①措辞得体——言之有礼	②转换视角——言之有方	③切中所需——言之有物
④晓以利弊——言之有理	⑤立足实际——言之有据	⑥分层推进——言之有序

四、检测评价，思辨致用

任务3：以"贴近学生生活，有效激发学习动机"的原则创设了如下情境：期末考试前，某科教师要占用自修课讲练习，但是学生们都不同意，理由有三：一是影响和其他班级的上课进度；二是自修课是查漏补缺的时间，所以可能打乱大家的计划；三是上了很多课，比较疲惫，效果可能不太好。听了这些理由之后，教师还是不能接受。试着运用从本节课中学到的说理艺术解决以上困境。

以自评、他评、小组形成最终评定意见的方式，对学习效果进行检测（见表4）。

表4　学习检测

任务完成示例	评定意见	
	自评	他评
	小组评定意见	
老师，您来给我们上课的心意是好的，但是同学们薄弱的地方不尽相同，考前这样一对多的复习讲解很难兼顾到所有同学，所以效率可能不尽如人意；我们可以先对自己的不足进行梳理总结，然后有针对性地去请教您，老师觉得这样是否可行呢	能够从教师的角度考虑问题——言之有方，而且针对教师想给大家考前有效复习的需求提出了更可行的方法——言之有物，也是立足实际情况——言之有据，使用疑问句，征求教师意见，言辞恳切——言之有礼，但是还可以在更多维度上推进——言之有序	

总结：在语言艺术上，诚恳和文采兼具，措辞得体；在说理策略上，直白和委婉共存，既能转换视角，又能切其所需，做到多维度推进。俗话说，"话糙理不糙"，经过这节课的学习，是否能努力做到"话不糙理也不糙"，只有文采和说理兼备，即文质兼美，才是有效的沟通艺术。

高中语文课堂教学案例辑录

附：对涉及文本说理艺术的评点归纳

篇目	人物	对话语言	评点		
			说理策略	语言艺术	效果
《齐桓晋文之事》	孟子	"仲尼之徒，……无以，则王乎？""然则小固……孰能御之？"	转换视角，切中所需，晓以利弊，先破后立，迂回曲折，环环相扣	比喻论证，举例论证，连用反问句构成排比	使抽象的道理更加生动形象，高深的道理更加通俗易懂
《烛之武退秦师》	烛之武	"秦、晋围郑……唯君图之。"	以退为进，欲扬先抑，晓以利弊，谦敬有礼，立足实际，切中所需，分层推进	多用反问句，正反假设对比论证	增强论证的说服力，加强说理的气势
《鸿门宴》	刘邦	"距关，毋内诸侯，秦地可尽王也。""日夜望将军至。"	迫于形势，切合情境	用词恳切	生命受到危险时，采取的特殊措辞
	范增	"急击勿失！""杀之。不者，若属皆且为所虏！"	言之无礼	用词简短，多用感叹句	语气强硬，易引起逆反心理
	张良	"谁为大王为此计者？""谨诺。"	言之有礼	多用疑问句	带有征询意味，易于接受
生活实例	"华为云"销售	"听说'得到'将要拓展……我们一定是金刚川上的那座'人桥'。"	转换视角，切中所需，分层推进	比喻、借代，语气含蓄而恳切	恳切和唯美兼备，委婉和直白共存
课外文本	张辽	"兄今即死……待来日匡扶大汉。"	转换视角，切中所需，晓以利弊，分层推进	对比、排比、假设论证	切中关羽对"义"的需求。"三不"让项羽无言以对

穿越戏剧，体验人生

——《窦娥冤》《哈姆雷特》比较阅读

浙江省台州市灵石中学　许莎莎

　　《窦娥冤》是中国古代感天动地的底层劳动妇女窦娥与人、天、官府抗争的人间悲剧；《哈姆雷特》是西方贵族王子哈姆雷特跟黑暗势力做抗争的思想者悲剧。同为悲剧，但两者的人物性格、人物的抗争和悲剧性的根本原因都不一样。

一、"我是主持人"：初步感知《窦娥冤》和《哈姆雷特》的悲剧差异

　　任务1：4月，我校将开展中西方文化节，团委现向广大学生招募主持人两名。

　　报名要求：

　　（1）五官端正、口齿清晰。（4月7日下午3点在灵石大剧院面试）

　　（2）具有一定的主持功力。比如，戏剧社已经上报了两个节目——《窦娥冤》和《哈姆雷特》，请为《窦娥冤》和《哈姆雷特》两个节目撰写衔接词，于4月5日前上交团委办公室。

小结（见表1）：

表1 悲剧差异

戏剧		《窦娥冤》	《哈姆雷特》
相同点		经典的悲剧	
		敢于反抗	
不同点	主人公身份	平民弱女子	贵族王子
	悲剧的结局	喜剧式的悲剧	彻底的悲剧
	死亡的态度	被动接受死亡	坦然接受死亡
	？		

二、"导演请就位"：深入理解《窦娥冤》和《哈姆雷特》的悲剧冲突差异

任务2：为了能在文化节中脱颖而出，学校的QC戏剧社特制订了详细的计划。

第一步便是招募导演，具体考核内容如下：

请结合文本，以窦娥或哈姆雷特的人物形象以及毁灭的原因为演员讲戏，使演员能在表演中带着对人物的深刻理解将戏剧冲突演绎到极致。（限时3分钟）

1.《窦娥冤》和《哈姆雷特》的悲剧主人公形象

（1）通过窦娥与张驴儿、窦娥与官府、窦娥与天地三组矛盾冲突可以看出窦娥的形象：一位孝顺、善良且具有抗争精神的刚烈妇女。

（2）从哈姆雷特的人文主义理想和他面对的黑暗现实的矛盾冲突、哈姆雷特自身的性格冲突可以看出哈姆雷特的形象：一位机智勇敢又内向审慎的人文主义者。

2. 悲剧主人公被毁灭的原因

（1）窦娥被毁灭的主观原因是她一直在"被动"地求"生存"。

窦娥在7岁时因为父亲窦天章要进京赶考凑盘缠而被卖给蔡婆婆当童养媳，17岁时，与蔡婆婆的儿子结婚，两年后失去丈夫，要和蔡婆婆过相依为命的平凡生活，却又因拒嫁张驴儿而引起的凶杀案被冤枉杀人，最后为了不让婆婆受

苦而屈打成招。被卖是因为父亲求功名，被冤是因为保贞节，被杀是为了存孝道，这根深蒂固的封建礼教思想和制度深深地影响着窦娥。

窦娥被毁灭的客观原因是以张驴儿父子、官府为首的社会环境：地痞恶霸横行、贪官污吏甚多，百姓求救无门。所以，即便窦娥有过抗争，但是她抗争的对象最后却成了天、地。（此处可随着学生的思路灵活地分析文本中窦娥"指斥天地"与"对天地起誓"的矛盾）

小结：社会最底层的窦娥只求生存，只求做个安分寡妇和顺民却不得。她与昏官、与社会、与天地抗争，实际上就是社会中善恶、正邪、忠奸势力之间的较量。她的最终毁灭就是整个社会的悲剧——封建社会的人民无力反抗现实，只能寄希望于天地……

（2）哈姆雷特被毁灭的主观原因是他在主动地"求生活"。

哈姆雷特不单只是个悲剧英雄，而且是一个多思想的少年。（梁实秋）

哈姆雷特挑着理性的灯笔在寻找大写的人。（阿尼克斯特）

哈姆雷特是一位公子，不是一位英雄，报仇的事他不配干，所以迁延不绝。（歌德）

结合《哈姆雷特》节选中"生存还是毁灭"这段经典独白，可以发现哈姆雷特对自身进行不断的抗争，在理想和现实、生存和毁灭等多重矛盾中，他的"延宕"决定了他悲剧式命运的结局。

哈姆雷特被毁灭的客观原因是社会现实。以叔父克劳狄斯为代表的黑暗势力太强大，那个与哈姆雷特的理想信念相违背的社会黑白颠倒、是非混淆、专制腐败、阴谋诡计、阿谀奉承……

小结：如果窦娥的命运从一开始就不能选择，那么哈姆雷特却不同。他是个有理想、爱思考的人文主义者，因深深思考"生存还是毁灭"这个问题而拖延着不采取积极行动，最后只能由着一时冲动，抱着宿命论观点行动起来，以至于最终和所爱的、所恨的人同归于尽。他的悲剧不仅仅在于社会，更在于人性本身。

3. 两部悲剧的思想根源差异

为什么处于同一时期的悲剧，中西方会出现如此不同的创作？

两部悲剧的思想根源不一样。基督教是西方文化的源泉。《圣经》关于宽恕、祈祷、忏悔、审判、天堂、自由赎罪等思想深深地影响了作者，所以莎士比亚笔下的哈姆雷特在复仇过程中没有选择他认为卑劣的方式（如叔父在祷告时），导致他一再迟疑，最终错过了绝佳机会，走向了灭亡；而中国封建的窦娥所恪守捍卫的中国封建礼教和各种伦理道德——贞节观、孝道等形成了窦娥悲剧的思想根源。

三、"声临其境"：进一步体悟《窦娥冤》和《哈姆雷特》的悲剧人生

任务3：为了追求话剧的高品质，戏剧社除了招募导演之外，还需要专业的配音人员，《窦娥冤》已有专门的戏剧人员进行配音。请你带着对剧中人物和戏剧冲突的理解，试着去给《哈姆雷特》的经典片段"生存还是毁灭"配音吧。

配音感悟：我们每个人都是哈姆雷特。我们碰到的问题都很相似，也曾忧郁，也曾犹豫，我们的心灵深处也有着相同的追问。哈姆雷特不可复制，类似哈姆雷特的问题还会时常困扰我们：坚持还是放弃，灰心还是努力，前行还是退缩，消沉还是奋起，平庸还是自强不息……

人生如戏，戏如人生，《窦娥冤》和《哈姆雷特》给了我们这个机会，让我们在戏剧中学会了怜悯和坚守，也让我们开始对照反思现在的生存方式，学着从忙碌的物质世界中抬起头来观照自己的人生，重新估量生命的价值，从而成为更好的自己……

被侮辱与被损害

——《复活》与《雷雨》中的女性形象

浙江省温岭市第二中学　林　玲

没有《安娜·卡列尼娜》的明丽，没有《战争与和平》的恢宏，《复活》是托尔斯泰创作的巅峰之作，通过它，你读到的是伟人悲天悯人的情怀。

一、情节——相逢应不识

任务1：梳理小说情节。

1. 情节概括

在小说《复活》的开头，作者这样写道："女犯玛丝洛娃的身世极其平凡。"如果你看过这部小说，请你用最简洁的语言概述她的身世；如果没有看过，那请你概括选文部分的内容。

示例：小说主人公玛丝洛娃本是贵族地主家的侍女兼养女，她被主人的侄子、贵族青年聂赫留朵夫公爵诱奸后遭到遗弃。由此陷入了苦难的生活，她怀着身孕被主人赶走，四处漂泊，沦为妓女达七年之久。后来被人诬陷谋财害命而被捕入狱。

……

本课节选自第一部第四十三章。担任陪审员的贵族聂赫留朵夫在法庭上发现玛丝洛娃正是自己年轻时抛弃了的姑娘，他良心深受谴责，经过痛苦的思想斗争，决定去监狱探望玛丝洛娃，祈求得到她的宽恕。

2. 情节对比

活动： 将《雷雨》和《复活》的情节进行对比（见表1）。

表1　情节对比

女性形象	身份	经历	重逢不识	相貌变化	孩子	金钱
《复活》玛丝洛娃	贵族地主家的侍女兼养女	被主人的侄子聂赫留朵夫公爵诱奸后遭到遗弃	地点：法庭上玛丝洛娃一开始没有认出聂赫留朵夫	"聂赫留朵夫望着她那张变丑的脸"	孩子生下来就死了	主动讨要十个卢布
《雷雨》鲁侍萍	地主家的女仆	和主人的儿子周朴园"相爱"，生育两个儿子后被赶出家门	地点：周朴园家中周朴园一开始没有认出鲁侍萍	"你自然想不到，侍萍的相貌有一天也会老到连你都不认识了。"	大儿子留在周家小儿子抱走了	面对周朴园的五千块支票，撕碎支票，并说："我这些年的苦不是你那钱算得清的。"

　　男女相爱，始乱终弃，多年以后在某一处重逢。这样的桥段在文学作品中颇为常见，让我们不由得想起话剧《雷雨》，《雷雨》和《复活》选文中共同出现的情节有哪些？都出现了重逢，都不是一下子就认出了对方，都点到了女主角相貌的变化，"你自然想不到，侍萍的相貌有一天也会老到连你都不认识了"和"聂赫留朵夫望着她那张变丑的脸"，都提到了他们的孩子，侍萍的孩子被抱走了，玛丝洛娃的孩子死了。最有意思的是，都涉及了金钱。当周朴园取出皮夹的支票，想用一张五千块钱的支票弥补自己的一点罪过的时候，鲁侍萍接过支票，慢慢地撕碎支票，说出一句"我这些年的苦不是你那钱算得清的"，将两人重逢这一情节推向情感的高潮，让我们看到一个虽然贫苦却自尊、自强的女性形象。有意思的是，《复活》中也有涉及金钱的内容，那我们看到的又是怎样一位女性形象呢？

　　设计意图： 通过"身世极其平凡"导入，让学生初步了解《复活》整本书的内容框架。通过和《雷雨》相似情节的比对，得出两位女性身上的异同点，特别是最后一部分两位女性对于金钱的不同做法，引起学生探讨分析玛丝洛娃人物形象的兴趣。

二、人物——困境中挣扎

任务2：选文部分女性形象分析。

活动1：作者是如何刻画玛丝洛娃这一女性形象的？

作者将重点放在动作描写，三个动词"伸、抓、塞"一气呵成，动作熟练、迅捷，刻画出一个狡诈、贪婪、世俗的妓女形象。在塑造人物形象上，除了动作描写外，作者还运用了外貌和神态的描写，集中在"眼"和"笑"上。鲁迅先生说："要极省俭地画出一个人的特点，最好是画他的眼睛。"在描写玛丝洛娃的眼睛时，作者多次用到"乌黑发亮"，说明玛丝洛娃的眼睛非常漂亮吸引人，"妖媚"一词又符合她的妓女身份，出现最多的是"斜睨"，是对人的冷漠、敌视，暗示她生活的不幸。对笑的描写也很丰富，如微笑、媚笑，特别是媚笑，人物习惯性地职业性地笑，不以妓女身份为耻，反而引以为荣，读来令人心酸。作者通过动作、外貌、神态等细节描写，为我们塑造出一位个性立体的女性形象。

活动2：你喜欢这样的女性形象吗？

这是一位复杂的女性形象，她的美丽中透着辛酸的经历、纯洁中带着堕落的痕迹。因为其人物形象的复杂、立体，为了刻画出理想的人物形象，作者也是几易其稿。一开始写的是"她是个瘦削而丑陋的黑发女人，她所以丑陋，是因为她那个扁塌的鼻子""高高的个子，带着凝神和病态的样子""一个矮个子的黑发女人，与其说她是胖的，还不如说她是瘦的。她的脸本来并不漂亮，而在脸上又带着堕落的痕迹"。这样绘写囚犯玛丝洛娃的出场肖像，尽管突出了她的堕落，但是让人难以想象，当初，一个相貌"丑陋"、鼻子"扁塌"的姑娘怎么能吸引贵族公子聂赫留朵夫？作者自己也不满意，打算写得漂亮一些，于是改成"美丽的前额，卷曲的头发，匀称的鼻子，在两条平直的眉毛下面，长着一双秀丽的黑眼睛"。改写后的玛丝洛娃的确很美，可那饱经忧患、备受摧残的辛酸经历消逝了，同样违反了生活真实，托尔斯泰又毫不吝惜地将它废弃了。经过前后二十次的反复推敲，我们才在定稿中看到了作者呈现的玛丝洛娃的真正形象。

活动3：人物形象刻画之贴着人物写（见表2）。

表2　人物描写赏析

三个时期	纯洁的玛丝洛娃	堕落的玛丝洛娃	复活的玛丝洛娃
外貌描写	在庄园里的姑娘中，"最美丽的却是穿着白色连衣裙、系着浅蓝色腰带、黑头发上扎着红花结"的玛丝洛娃。身段苗条、步履轻盈，一双小手"粗糙而有力"，脸上经常荡漾着笑容，两片红嘴唇"妩媚可爱"，"温顺的，贞洁的，热爱的，略微有点斜睨的眼睛""快活得发亮"	"她是个瘦削而丑陋的黑发女人，她所以丑陋，是因为她那个扁塌的鼻子。""高高的个子，带着凝神和病态的样子。""她的脸本来并不漂亮，而在脸上又带着堕落的痕迹。""美丽的前额，卷曲的头发，匀称的鼻子，在两条平直的眉毛下面，长着一双秀丽的黑眼睛。""一个小小的、胸脯丰满的年青女人，贴身穿一套白色的布衣布裙，外面套一件灰色的囚大衣，活泼地走出来……头上扎着一块白头巾，显然有意让几绺乌黑的鬈发从头巾里露出来。"	玛丝洛娃"消瘦了，晒黑了，仿佛苍老了似的。她的两鬓和嘴角露出细纹，她不再让一绺头发飘到额头上来，而把头发都包在头巾里"

在《复活》中，为了凸显女主人公玛丝洛娃纯洁、堕落、复活三个时期的生活经历和思想性格，使其更加鲜明生动，小说家从人物自身特点出发，精心绘制了三幅逼真的肖像画："纯洁的玛丝洛娃""堕落的玛丝洛娃""复活的玛丝洛娃"。"纯洁的玛丝洛娃"，如果说"温顺的，贞洁的，热爱的""快活得发亮"的眼睛凸显了她的纯朴、善良、热情、乐观，那么"粗糙而有力"的手既显示了她的勤劳，又表明了她那侍女兼养女的特殊身份，十分精到。"复活的玛丝洛娃"写得也很精彩、别致，堕落时的轻浮、放荡一扫而光，站在读者面前的是一个端庄、诚实、善良的劳动妇女。这三幅肖像画画面清晰，层次分明，富于变化，从而构成可见可感的连环画似的肖像系列，给小说增添了无穷的魅力。女主角不一定要漂亮，但是要符合人物身份、经历，要有鲜明的个性，贴着人物进行描写。

设计意图：对人物形象进行赏析是本课的重点，这一部分通过玛丝洛娃对金钱的态度入手，激趣引入对人物形象的分析，引导学生关注人物动作、语言、神态、外貌等一系列细节描写的分析，着重分析人物"斜睨"的眼睛，让人物形象变得立体、丰满、可感。通过活动2、3的设计，感受大师在塑造人物时的严谨态度，同时进行写法指导——贴着人物进行描写。

三、主旨——升华中救赎

任务3：小说主旨探讨。

活动：结合"复活"的主题，探讨定稿结尾安排的妙处。

小说结尾：……当所有的努力都无效时，玛丝洛娃被押送去西伯利亚，聂赫留朵夫与她同行。途中，传来了玛丝洛娃减刑的通知，苦役改为流放。这时的玛丝洛娃还爱着聂赫留朵夫，面对聂赫留朵夫的求婚，她选择与政治犯西蒙松结合。

小说前后写了10年时间，创作过程中几易其稿，作者总不满意自己写的东西，小说最初构思：聂赫留朵夫在道德上醒悟过来，认识到自己的罪过，于是，他带着悔罪的心情，牺牲了自己的社会地位，跟玛丝洛娃结为夫妇，两人婚后一起侨居国外，过着幸福的生活。

按照最初的构思，复活的是男主角聂赫留朵夫通过对玛丝洛娃的救赎，他本人失落的人性逐渐复归，道德得以不断自我完善。而最终定稿的安排，复活的不仅有男主角，还有玛丝洛娃，通过自我牺牲，让我们看到了人性和尊严的复活。

让我们再回到开头："女犯玛丝洛娃的身世极其平凡。"如何理解其中的"极其平凡"？说明在当时的社会非常普遍，鲁侍萍和玛丝洛娃有着相似的遭遇，还有杜十娘、茶花女、苔丝……这些都是被侮辱、被损害的女性，她们的共同经历都是身处困境，她们以自己的欢笑、哭泣、真诚、苦痛感动世人。所以，你觉得是什么让她们得以救赎？塑造这些人物的价值在于：我们在这些人身上看到了自尊、自爱、自强，虽然最终的命运走向并不相同，但女性对生活的热爱，对生命的礼赞，对真爱的追求应该是一样的。

设计意图：通过不同结尾的安排展示，让学生体会最终定稿结尾安排的妙处，小说主旨也在此得以显现，虽然这些被侮辱、被损害的女性在人生道路上遭遇不公平的待遇，但始终坚持同命运抗争；虽然人生结局不同，但这些女性身上自尊、自爱、自强的精神是相同的。

四、拓展——托尔斯泰主义

活动：何为托尔斯泰主义？

如果说鲁侍萍重逢周朴园前还带有一丝丝幻想的话，那么最后使她真正幻灭的应该是周朴园的一句呵斥："你来干什么？"这是一种雷雨式的狂风骤雨式的警醒。再来看看《复活》，和《雷雨》相反，女主角玛丝洛娃的复活之路离不开自我的自尊、自爱，同样也不能忽略聂赫留朵夫的精神感召，这是一种和风细雨式的救赎，这是爱的力量（见表3）。

表3　比较总结

	《雷雨》鲁侍萍	《复活》玛丝洛娃
个人经历	被侮辱、被损害	
堕落原因	个人社会	
觉醒契机	恨	爱

在《复活》中，托尔斯泰通过男女主人公的复活经历表达爱的力量可以救人，能够让人获得新生这一主张，人们称为"托尔斯泰主义"。

我们在《复活》中看到了玛丝洛娃对生命的热爱以及聂赫留朵夫对人性的追求，这时男女主人公双双复活。作品寄托了托尔斯泰关于人性的理想，也可以说是托尔斯泰精神的复活。

设计意图：通过两篇课文中女性觉醒契机不同的对比，引导学生体会托尔斯泰主义所表达的"爱的力量是无穷的""心存人性，有可能真正实现灵魂的复活"。

五、练习——一语话神韵

课后练习："一语话神韵"。

学校文化长廊准备展示一批文学作品中的女性形象，请你参照以下人物，为《复活》女主角玛丝洛娃写一句介绍语，可以是作品中的语言，也可以是你模仿她的口吻写一句有代表性的语句。

鲁侍萍："命，不公平的命指使我来的！"

简爱："我们的精神是平等的。"

设计意图：通过课后练习，学生可以在选文中或在全文中寻找一句最具代表性的话语，进一步强化学生对玛丝洛娃这一女性形象的认识。

异化：无法承受的生命之重

——《促织》与《变形记》比较阅读

浙江省仙居中学　张灵侠

蒲松龄，中国清初作家；卡夫卡，19世纪末20世纪初奥地利小说家。跨越两百多年，分属东西方，但《促织》和《变形记》在创作指向上表现出惊人的相似，那便是穿透繁芜丛杂的社会事态、文化背景后普遍存在的"文心"。

一、等闲识得东风面——梳"异"

任务1：梳理比较《促织》和《变形记》异化的异同点。

子任务1：自主阅读两篇小说，梳理小说情节；边阅读边批注，写出小说的精妙之处或你的疑惑之处（课外完成）。

子任务2：回忆小说主要情节，完成表1。

表1　《促织》和《变形记》异化的异同点

比较角度	《促织》	《变形记》
异化人物	成名之子	格里高尔
异化之前	好奇、贪玩、无忧无虑的小儿郎	疲于奔命、养家糊口的小职员
异化之后	变勇猛蟋蟀，为家人挣得荣华与地位	变丑陋甲虫，成为家人累赘与负担
异化情状	灵魂进入蟋蟀，保持人身，但无人心	人变甲虫，保持情感需求和基本人性
异化结局	恢复神志，与家人共享荣华	在家人的嫌弃和虐待中孤单死去
异化原因	畏惧惩罚，死亡威胁	社会生活压力沉重

子任务3：小组讨论解决同学疑惑或分享小说中你认为最矛盾的精彩细节。

典型问题：

（1）（《促织》）"每闻琴瑟之声，则应节而舞"这一细节对小说主题表达有什么作用？

（2）当格里高尔发现自己变成甲虫后，为什么对甲虫本身表现得比较平淡，只是想"我发生什么事啦"，反而更担心上班迟到的事？

（3）两篇小说中的蟋蟀和甲虫除了形态不同外，最大的不同是什么？

小结：在巨大的环境压力下，人成为非人，丧失自我，失去尊严地位或价值。人变成虫是最大的悲剧。蒲松龄笔下的蟋蟀是可爱的，有了人所没有的价值，变成虫子可以帮父母走出困境，这和中国人重忠孝、以家庭为重的思想是契合的，这是一只很"中国"的蟋蟀。卡夫卡笔下的甲虫是丑陋的、孤独的，成为虫子的格里高尔作为人的价值已经尽失，成了家庭的负担。小说更多指向的是变成甲虫后的格里高尔的心理感受，这符合西方文化重个体生命的现实，这是一只很"西方"的甲虫。从两只虫子的身上，我们可以初步感受到东西方文化心理的差异。

二、望穿南亩千里绿——探"异"

任务2：探究虚实交融的写作手法。

分析这两篇小说情节荒诞却给人以真实感的原因。

《促织》："宣宗酷好促织之戏"，小说取材于吕毖的《明朝小史》，给人一种真实的背景感。全文一波三折，幻想与现实相交融，写成名捕蟋蟀、未得而受罚、失虫"气断声吞"等皆用现实主义笔法；即使是幻想部分的描写，也细腻生动，比如写促织的外形"形若土狗，梅花翅"，写了鸡与虫相搏"虫集冠上，立叮不释"，写虫通人性"每闻琴瑟之声，则应节而舞"等细节无不情态毕现。

《变形记》：人变成甲虫的结构框架本身是不符合生活逻辑的，是荒诞的；但人变甲虫恰恰能用来象征现代人类的精神世界——与社会、与自然、与自我的不通融性，无法摆脱的沉重感和孤独感等，而这会击中现代人的内心，让人产生共鸣。作品本身又融入了大量细腻且真实的细节描写，比如对甲虫动作和食物的描写符合甲虫的生活习性，变成甲虫后的格里高尔大量的心理独白符合人物的心理活动，周围人态度的变化也符合真实的生活。总的来说，这种外虚内实的表达方式给了读者极强的参与感。

小结："虚构是小说的灵魂"，虚构的小说却能给人带来心灵的真实。

三、同向春风各自愁——悟"异"

任务3：体悟异化小说背后的"文心"。

子任务1：思考作者笔下的主人公与作者的关系。

知人论世：

蒲松龄，出身于没落的地主家庭。一生热衷功名，醉心科举，但屡试不中，郁郁不得志。到71岁才"援例出贡"，补为岁贡生。

卡夫卡，出生在一个犹太商人家庭，父亲赫尔曼·卡夫卡专横暴躁，对子女管制威严。卡夫卡生活的年代为第一次世界大战前后，当时，社会动荡不安，物质主义盛行，他长期居住的布拉格正处在激烈的民族冲突与动荡中。

小结：《促织》是一支读书人的悲歌，成名"操童子业，久不售"，却因献奇异促织"俾入邑庠"而一举成名，这对科举取士本身是一个绝妙的讽刺和深刻的揭露。《变形记》主人公格里高尔身上有很多卡夫卡的影子，如敏感、孤独、想要逃避，当然，这又是资本主义社会中的普遍现象，是现代人被异化的写照，是现代人真实生活状态的缩影。

子任务2：《促织》和《变形记》的结尾一喜一悲，讨论这样的安排分别有何深意。

《促织》是中国传统文学常见的大团圆结局，成名之子"精神复旧"，与家人共享荣华，从此一家人过上了幸福的生活。但细细品读，这种"乐"未尝不是另一种悲，甚至是更深层的悲——以成名为代表的封建社会底层人物无法主宰自己的命运，竟需要依靠"并受促织恩荫"，从某种意义上说，人倒成了百无聊赖的可怜虫。"以乐景写哀，以哀景写乐，一倍增其哀乐"，表面上看是喜剧结尾，实则更具批判性。

《变形记》的结局可以说是让人绝望的。甲虫变成了一具干瘪的尸体，父亲萨姆沙说："让我们感谢上帝吧！"母亲竟"带着忧伤的笑容"；"当到达目的地时，女儿第一个站起来并舒展她那富有青春魅力的身体时，他们觉得这犹如是对他们新的梦想和良好意愿的一种确认"。格里高尔的死让他的家人如释重负，从此过上了幸福的生活。我们可以读出家庭另外三个成员的"精神异化"，当我们回过头去看，会发现其实这种"精神异化"一直伴随主人公的"身体异化"。

小结：《促织》和《变形记》都关注小人物，关注人在社会中的生存状态，表现了不合理的社会制度下，人的"异化"悲剧，并以此表达对不合理社会制度的批判。两篇小说显现了不同时代、不同文化背景下，中西方作家所共有的"文心"。

四、天光云影共徘徊——话"异"

仙韵文学社将开展"异化"主题小说阅读交流会，邀请你从"异化：无法承受的生命之重"角度做主题发言，请结合《促织》《变形记》和21世纪社会现实写一篇500字左右的发言提纲。

品人虫之变，析中西之别

——《变形记》与《促织》比较鉴赏

浙江省衢州第一中学　柴静媛

《变形记》和《促织》都蕴含着作者设计的怪诞而荒谬的故事情节——"人变虫"。两位作者通过这一情节，在表现对社会和现实强烈的控诉之外，还揭示了一个普遍存在的深刻的社会现实——人的异化。但在不同的时代背景和文化语境中，中西方的作家在表现人的异化时，笔法与用意也是大相径庭的。

一、辨"虫"之不同

任务1：梳理与探究两篇文章中由人变成的虫的不同之处。

要求：通过预习，我们找到了两篇文章中描写虫的文字，比较了二者描写角度的异同（见表1）。思考由人变成的虫究竟更像人还是更像虫？

表1　描写角度异同

	描写角度	人虫之辨
《变形记》中的甲壳虫	外貌、动作、神态、语言、心理	（1）外形和生活习性完全丧失人的特征，完全虫化。 （2）依旧保持着人的心理特点和思维能力，能够清晰地观察和感觉到他的变形给家庭带来的巨大灾难，在生理上和精神上备受折磨
《促织》中的促织	外貌、动作、神态	（1）外形短小、轻捷，与成名之子的年龄、体形等相符，有人的投射。 （2）善斗、好斗、媚上，彻底改变先前天真纯朴的孩童本性，所有特征指向满足上层阶级的喜好，从而改变家庭命运

小结：在卡夫卡的作品中，格里高尔有着僵硬的背甲、细小而多的腿，吃的是发霉的酱油和变质的菜皮，喜欢爬行、惧怕亮光，常常躲在家具的背面和底部而全身沾满尘渣……可以说已经完全具备了虫的形态和习性。但从大量的语言及心理描写中可以看出格里高尔即使变成虫，也还是对工作和家人表现出深深的恐惧与忧虑，巨大的孤独感时刻萦绕着他。因此在他的身上，"虫的人性"尤其令人唏嘘。

而蒲松龄笔下的成名之子变成了虫后，虽在体形上还保留着其弱小的一面，实则完全丧失了天真纯朴的孩童本性，而明显表现出好斗、媚上的奴性，存在的全部目的和价值都为迎合上层阶级。从一只小小的促织身上，我们似乎看见了人，却不见人性，它反映出的"人的虫性"使作品越显悲凉。

二、辨"虫"境遇之不同

任务2：人变成虫后，二者的境遇也随之改变，试分别分析境遇转变的根本原因。

活动1：当格里高尔变成了虫，家人们和协理对他的态度有哪些变化？在知道格里高尔变成虫之前，家人们对他是什么样的态度？针对相应语段，试做分析。

"格里高尔，"有人喊道，那是母亲的声音，"六点三刻了，你不是要赶火车吗？"多温柔的声音！……因为母亲听了他的这句话就放下心来，拖着脚步走了。

可是这段简短的对话却引起了其他家人的注意，他们没有想到格里高尔还在家里，于是在一扇侧门上很快听到了父亲的敲门声，敲得很轻，但用的是拳头。"格里高尔！格里高尔！"他喊道，"你怎么啦？"过了片刻，他又压低声音催了一遍："格里高尔！格里高尔！"

这时在另一扇侧门上又听到了妹妹轻轻的抱怨声："格里高尔？你不舒服？你需要点儿什么？"

小结：母亲的"温柔""放心"是建立在听见格里高尔马上出门上班的基础上的；父亲的敲门声很轻，"但用的是拳头"，他对格里高尔的"关心"是"喊"，是"压低声音"的催促，是一种压抑着的愤怒；妹妹关切地询问格里高尔的身体，还问需要点什么，但究其根本是一种"抱怨"的声音。无论是作者站在第三人称的客观描述，还是格里高尔第一人称视角的主观判断，都可以看出家人们后期"只见虫身，不见人性"的冷漠与厌弃态度早已在此埋下了伏笔。

由此可见，家人对格里高尔态度的巨大转变是由于其虫子的身体不能再为家庭带来经济收入，反而会令家庭蒙羞，从而更加深刻地揭示了资本主义社会中人与人之间赤裸裸的纯粹的剥削和利害关系。作为家庭收入唯一来源的人一旦遭遇不幸，他与周围的人，包括亲骨肉、同胞手足之间的关系便完全破裂，也表现了人与人之间的不通融性。

活动2：对于家人们后期态度的转变，格里高尔有预感吗？品味所选语段中的心理描写，分析格里高尔的内心世界。

他突然想起，只要有人来帮个忙，事情岂不十分简单。两个身强力壮的人就足够了——他想到他的父亲和侍女，他俩只要把胳膊伸进他隆起的脊背下面，这样把他从床上慢慢撬起来，弯下腰去把重物托住，然后他们只需小心地耐心等着，他自己会从地板上翻过身来，这时他的那些细腿但愿能发挥作用。现在呢，姑且不说所有的门都锁着，难道他真的该喊人求助吗？想到这里，尽管他的处境十分窘迫，他还是禁不住微微笑。

小结：在这一段如何改变自己窘迫处境的设想中，格里高尔运用了多个"就""只要""只需""自己会"等，表现了父亲与侍女需要做得并不多。一个"现在呢"把情境拉回现实，在大量的想象之后，一句"难道他真的该喊人来吗？"打消了之前所有的念头。除此之外，一句"禁不住微微一笑"更是真实而讽刺地反映了他对自己即使提出需求也绝对无法获得满足的判断，且他对此深信不疑。在此，小说想要借以表现的人在压抑环境下的异化、人与人之间疏离的主题也越发凸显出来。

活动3：《促织》中成名之子变成了虫，随之改变的还有什么？导致成名之子变成虫的根本原因是什么？

宣德间，宫中尚促织之戏，岁征民间。此物故非西产；有华阴令欲媚上官，以一头进，试使斗而才，因责常供。令以责之里正。市中游侠儿得佳者笼养之，昂其直，居为奇货。里胥猾黠，假此科敛丁口，每责一头，辄倾数家之产。

……

未几，成归，闻妻言，如被冰雪。怒索儿，儿渺然不知所往。既而得其尸于井，因而化怒为悲，抢呼欲绝。夫妻向隅，茅舍无烟，相对默然，不复聊赖。

小结：随着成名之子的虫化，他们一家的境遇发生了翻天覆地的变化——从"上大嘉悦"到"诏赐抚臣名马衣缎"，再到"抚军不忘所自，无何，宰以卓异闻"，发展到"宰悦，免成役。又嘱学使，俾入邑庠"，直到最后"抚军亦厚赉成。不数岁，田百顷，楼阁万椽，牛羊蹄躈各千计；一出门，裘马过世家焉"。小小的一只促织不仅决定了一个家庭的悲欢，还决定了一个家庭的命运走向。

导致成名之子变成虫的缘由既是封建统治阶级昏庸、残暴，对下层百姓的权威力量和压迫关系，更是在这种力量和关系之下人不仅通过投井否定自我生命的价值，还通过人的虫化否定了自我尊严的价值。而这一重重否定也加深了作品的悲剧意味。

三、辨析中西方作者描写变形笔法及意图的不同

任务3：梳理提升，寻找两篇文章所代表的中西方变形类小说的异同。

活动1：辨析《变形记》《促织》在人物描写手法和叙事手法上的差异（见表2）。

表2　手法差异

作品	人"物"描写手法	叙事手法
《变形记》	在对虫的外形、习性进行描写的同时，大量运用语言、心理描写，重点表现变为虫的格里高尔的情感和思维	（1）人变虫突然发生。 （2）重视细节的描写。 （3）结局以格里高尔死去的悲剧结尾
《促织》	侧重对虫外形、动作和神态的描写，为小说结尾人变虫的情节埋下伏笔	（1）人变虫在环环相扣的情节下顺势发生。 （2）更重视情节的完整性。 （3）结局以成名之子还魂，成名一家得道升官的喜剧结尾

小结：孙绍振在《名作细读——微观分析个案研究》中剖析中西方变形

类小说时如是总结：中国古典小说特别讲究有头有尾、一环扣一环的连锁性情节，但是到了19世纪，欧洲和北美的小说却不再讲究情节的完整性，而是采用"生活的横断面"和"纵切面"的结构，把短篇小说这一文学艺术形式推到了一个新的历史阶段。在这种潮流的推动下，完整的外部事件被瓦解了，取而代之的是片段性的外部事件，外部事件完整链条的瓦解只是为了突出、强调内部情感世界的奇异。而这两篇文章即是对此的典型例证。

活动2：从《变形记》和《促织》在表现手法与叙事手法上的差异，尝试分析中西方变形类小说在表现主题上的差异。

《变形记》和《促织》中"人变虫"的荒诞情节不仅是两位小说巨匠叙事风格的体现，也是他们思想感情沉淀的独特艺术符号，更是西方现代派文学和中国古典小说的代表作品。当我们分析二者主题的差异，亦是分析两位作家所代表的文化类型的差异以及审美取向的差异。

蒲松龄一生穷困潦倒，由于把美好的愿望寄托在了作品中，因此他的小说大多是圆满的结局。另外，中国自古就崇尚"中和""哀而不伤"的美学观，作者在痛快淋漓地揭示了丑恶，暴露贪官污吏的嘴脸的同时，又不忍心让善良老实的成名家破人亡，于是只好借助"志怪"和传奇的浪漫主义手法让在现实中找不到出路的好人得到好报。而这种善有善报、恶有恶报的中国文学传统在《梁祝》《窦娥冤》《牡丹亭》等作品中也均有体现。

而卡夫卡通过将人变成虫，在控诉资本主义社会中冷酷的金钱关系带给人无限的绝望与凄凉的同时，更期望能够将人与人之间不清晰的某种关系直接地暴露出来，表现那些在现实中无路可走的人被深深的孤独和无奈推出了人类的世界，被社会所遗弃和隔绝，只能在另外一个没有人类特征的世界里得到解脱。相较于《促织》，《变形记》在运用现实主义的手法，在针砭时弊的同时，多了对人作为人本身的关切。

参考陈独秀先生的评价，西方人以个人为本位，中国人以家族为本位；西方人以法制为本位，中国人以伦理为本位；西方人以科学为本位，中国人以想象为本位。不同的文化语境决定了中西方变形类作品不同的艺术风貌。我们想要更好地读懂、读透同一类型不同背景的文章，除细读、精读文章之外，还应观照其写作背景、创作范式等文化语境等方面的内容。

孤独的先行者

——从意象看穆旦与鲁迅的精神联系

浙江省温岭市第二中学　林　佳

　　细读穆旦的诗歌，我们不难发现其中的意象与《野草》中的意象有着惊人的相似。"无物之阵"中的"战士"与"无形的墙"中的"被围者"，"黄金世界"与"圆"，持刀对立的男女与"野兽"……从这些奇诡纷繁的意象中，我们可以看到两人身处文明的旷野中被围困的孤独感和绝望感（荒原意识），看到他们对所谓完美的未来的怀疑与拒绝（怀疑精神），看到他们对充满热和力的生命的热情讴歌（生命意识）。而在这些充满现代异质性的意象下，是两个孤独前行、直面人生痛苦的灵魂，一前一后跋涉在中国现代文学史上。

一、荒原里的被围者

　　作为孤独的先行者，必先直面人生。穆旦发现，病恹和虚空是整个社会文明的病症，在繁华社会的表象下面是掩饰不住的荒芜和衰败。在这片繁华的荒原里，人找不到存在感。"我活着吗？"穆旦对着自己的灵魂发问。"四壁是传统，是有力的/白天，支持一切它胜利的习惯。"（《成熟·二》）传统的习惯永远是胜利者，而"我们已是被围的一群"（《被围者》），"在无形的墙里等待着福音"（《从空虚到充实》）。这"无形的墙"是无处不在、极难摆脱的，像"跳蚤、耗子，在他身上黏着"。它的强大使被围者"胸里燃烧了却不能起床"，即使被围者发出了"悲痛的呼喊"，但还是"看出了变形枉然"。这种无所不在却又抓不住、摸不着的被围状态，这种难以言状的精神磨耗使得独自担当的存在者感到艰难、孤单甚至绝望。穆旦的《我》中浸透了这种绝望情绪，"无形的墙"包围下的个体的绝望。"是初恋的狂喜，想冲出樊篱/伸出双手抱住了自己/幻化的形象，是更深的绝望，/永远是自己，锁在荒野里。"这种被社会习俗与传统、被文明的荒野所围困的绝望使我们想起鲁迅的"战士"在"无物之阵"中的深深绝望。

在鲁迅的《这样的战士》中，包围战士的"无物之阵"是"一式的点头，各种的旗帜，各样的外套"。这点头是杀人不见血的武器，旗帜上绣着各种好名称：慈善家、文士、长者、青年、雅人、君子……外套上绣出各式好花样：学问、道德、民意、逻辑、公义、东方文明。这些都是文明社会的虚假外壳。在这些冠冕堂皇的虚伪花样包围下的战士举起了投枪，然而无物之物逃脱了，战士却得了戕害慈善家的罪名，并且终于在"无物之阵"中衰老、寿终，社会上又出现了太平。一个真实的人在虚伪的社会里只能渐渐衰老、寿终。无物之物使猛士无所用其力，它异常强大、无所不在，却又不可把握。这种被围者的孤独和绝望其实也是鲁迅自己生存状态的真实写照，只是也许他没有想到在自己死后，会有一位后辈诗人经受同样被围的孤独和绝望。这两个中国知识分子的生存状态引人深思。

二、拒绝完美

正是这种对社会现实和传统习惯力量的洞识与绝望，使鲁迅清醒地拒绝了至善至美的"黄金世界"。"有我所不乐意的在你们将来的黄金世界里，我不愿去。"（《影的告别》）鲁迅不愿去的原因是基于对至善至美的"黄金世界"的怀疑。"于天上看见深渊，于一切眼中看见无所有，于无所希望中得救。"（《墓碣文》）这种推背式的辩证思维方法使鲁迅在"黄金世界"中看到可怕的"深渊"和"无所有"，看到它存在的荒谬。所谓的"黄金世界"只不过是别有用心的人许给被当下生活中心抛弃的软弱的人的神话乌托邦和精神避难所。勇于正视现实生活中个体生存的困境，并独自担当，反抗绝望。也许这就是"于无所希望中得救"的意义。

穆旦就是这种怀疑精神的传承者。20世纪40年代的中国，历尽战争磨难的人们毫无保留地把希望寄托在无限光明的新时代上。穆旦却在"三十诞辰"之际，冷然宣布自己处于"过去和未来两大黑暗之间"，并且发现了"不断熄灭的现在"。他把自己抛入了漆黑一片的时间通道中，这与鲁迅的"然而黑暗又会吞并我，然而光明又会使我消失"有一样浓黑的绝望。过去是黑暗的，而未来的光明同样是不可信的。穆旦对未来心存疑惧，他害怕"明天"的美丽"会把我们欺骗"（《先导》）。

当众人都沉醉在"黄金世界"的迷梦中时，穆旦却在对未来的疑惧中进一步指出完美的虚妄。他进一步告诉我们，"多少年人工"所制造的生命的"圆"，唯其完整，就越是虚幻。因此，他呼唤"毁灭它，朋友！让我们自己/就是它的残缺"（《被围者》）。穆旦正是意识到了"圆"的虚妄，才会呼唤真实的"残缺"，诗人宁可在真实中痛苦，也不愿生活在虚假的完美中。这是对至善至美乌托邦虚妄追求的自觉超越，与鲁迅对虚妄的"黄金世界"的否定、宁愿在黑暗里沉没的精神是一脉相承的。这是真实的生存者对虚妄的完美的怀疑与拒绝，并在拒绝中获得反抗绝望的勇气。

三、野性的呼喊

在温柔敦厚、中庸平和的传统文化浸润中的中国人中，鲁迅是个异数。鲁迅的《野草》中充斥着强烈的生命意识，其中的意象奇诡异常，在阴沉幽冷的意境中孕育着揪人心灵的热量，寄寓着鲁迅真诚的泪和血，发自肺腑的哭和笑，充满了生命的热和力。在《复仇》中那对裸着全身、手捏利刃、对立于旷野的人"干枯地立着；以死人似的眼光，赏鉴这路人们的干枯，无血的大戮，而永远沉浸于生命的飞扬的极致的大欢喜中"。人的生命充满了热血，"生命飞扬"有两种表现：要么热烈地爱（拥抱），要么热烈地憎（杀戮）。他们无论拥抱和杀戮，都是热血腾涌的表现，都是生命力的爆发与流露。然而无聊"路人"却将这当成了一场滑稽与悲剧来观看，他们既不拥抱，也不杀戮，而反过来"赏鉴这路人的干枯，无血的大戮"，以此作为最痛快的"复仇"。在无血的大戮中充满着热和力的生命力。在《死火》中，与其冻灭不如烧完的"死火"意象正体现了鲁迅对生命燃烧和飞扬的渴望。

同样，穆旦诗中所凝淀纠合的"丰富和丰富的痛苦"（《出发》）意味着他的诗歌意象不会是玫瑰色的梦，而是充满真诚的撕裂与拷问，是生命的挣扎和野性的呼唤。写于1937年的《野兽》便是绝佳的代表。血痕累累的野兽"从紫色的血泊中/它抖身，它站立，它跃起"，"它拧起全身的力/在暗黑中，随着一声凄厉的号叫。/它是以如星的锐利的眼睛，射出那可怕的复仇的光芒"。这头复仇的野兽是受凌辱的中国，也是诗人悲愤情绪的外化，它虽受了重创，却仍有着"凄厉的号叫"和"如星的锐利的眼睛"中"可怕的复仇的光芒"。这是一个充满野性力量的不屈的生命，它的身体里隐藏着令人敬畏的强力。这个野兽意象的出现标志着现代中国人情感上和抒情方式上的重大变革。

在重灵轻肉的中国文化传统背景之下，穆旦在《我歌颂肉体》中通过对肉体的宿敌——思想的挑战，直接唱出了对肉体、对真实生命的颂歌。"什么是思想它不过是穿破的衣裳越穿越薄弱越褪色越不能保护它所要保护的。/自由而活泼的，是那肉体。"正如他在1941年写的"阴霾的日子，在知识的期待中，/我们想着那样有力的童年"。知识拯救不了自己，"智慧使我们懦弱无能"（《控诉》），只有无知童年的本能的生命才是有力的、健康的。但穆旦并未因此而告别智慧、思想，而是执着于"用肉体思想"——追求"思想知觉化"、感性化、肉体化。在他的诗中纷至沓来的野兽、肉体的意象分明在呼唤着被文明击退的野力和血性。这与鲁迅在《野草》里体现出来的对生命的热和力的讴歌一脉相承。

在穆旦充满现代气息，充满焦灼与痛苦、灵与肉挣扎的带血的诗歌中，我们不难看见鲁迅踽踽独行的影子。还是李怡说得好："在穆旦的体验和忧愤中，我们又仿佛看见了鲁迅的影子，那孤独地穿行在人群沙漠中的先觉者，以自己犀利的目光读解着几千年的历史，读解着中国社会无穷无尽的阴谋和痛楚。"将穆旦的诗歌意象与鲁迅的《野草》意象相比较，我们发现现代知识分子的生存境遇和精神境遇竟有如此巧合的相似。其实这是五四思想在20世纪40年代的一种传承，是孤独的先行者的共同命运。

"一线四步法"：让学生在鉴赏中走向创造

——以高中生山水田园诗创作指导为例

浙江省大田中学　徐灵燕

在近几年的摸索中，我们成立诗社，开设选修课程，进行专题研究，开展了一系列收集山水田园诗培养情感，吟诵山水田园诗领略诗意，欣赏山水田园诗感悟诗情，创作山水田园诗培养诗才，绘编山水田园诗集激励学习等活动，激发学生对山水田园诗的创作兴趣，并以"一线四步法"指导学生的诗歌创作。

一、二度开发

一篇课文学完，学生和我都仿佛意犹未尽，于是我给学生进行了"二度开发"。同样写《饮酒》，看看学生笔下的诗句："有酒乐逍遥……天地谁能敌。""昨夜梦中醒……知音何处寻？""佳肴满桌，高朋满座……美酒入肠，如沐甘霖。"

学生欣赏陶诗优美的意境后二度开发，不论仿写或改写，都能唤醒课堂自主活力，开发诗趣。尽管学生的诗没有体现技巧，唯在兴趣，以直抒胸臆为主，但想象力丰富，表达很鲜活。为了让学生的创作步入正轨，有必要加强写诗的技巧指导。

二、掌握技巧

1. 起承转合

写诗是有章法的，主要体现在"起、承、转、合"四个环节，即"如何开头，如何发展，如何变化，如何结尾"。"起"即开头，具有统领作用，形式多样。以景、事起，或直抒胸臆，或比兴寄托。"承"是承接，以前句的景路、理路、情路延伸。"转"是指结构上的跌宕和思路上的转换，要妙转出新意，由景及情、由物及人、由事及理等。"合"是承转而合，收束全篇，点明诗人情感和诗歌主旨。

在接受指导后，学生再修改《饮酒》："夜访古刹红梅畔，枝头点雪月色凝。人生幸逢一知己，千杯笑酌盏不停。""夜访"句是"起"，从事物的时间、地点、环境进行陈述而引起下文。通过反复练习，学生明白，"起承转合"是运用于诗词创作中互为依存的有机结合体，无好"起"，则无好下文；不紧"承"，则显散乱；不"转"，则显平淡；不"合"，则无意境。

2. 语言凝练

诗是高度凝练的语言艺术。好的诗歌应注重炼字，考虑押韵、平仄等，凸显意境。

创作山水田园诗，除了注意诗的形式外，还应注意诗的意境，尽可能准确表达出诗人的真实情怀。在教学郁达夫的《江南的冬景》时，我们学到以画写雨、以诗写雪的手法来凸显意境。待学生进入诗歌的氛围后，我便要求他们再根据原文语境、意境，改写马致远的《天净沙·秋思》。学生直呼"好难呀"。这首小令语言精练，前三句只18个字连用了9个名词9种景物，以极有限的字句塑造了极丰富的意象。特定的定语与特定的名词相衔接，不仅准确体现出"断肠人"对那些景物的独特感受，而且构成了一个整齐且有特殊意味的意象群，人与物结合，情与景交融。

学生分组合作探究，教师不断指导，耐心修改，最后组长推荐优秀诗作进行全班交流。

下面摘录两则学生改写的习作：

（1）流水寒村闲话，长桥远阜枝桠，乌篷灯晕酒家。白雨飘洒，江南冬景绝佳。

（2）远阜乌篷槎桠，微风白雨篱笆，小桥灯晕酒家。暮雨潇潇，悠闲人在寒村。

三、主题创作

创作山水田园诗需要平心静气，而当代人普遍心性浮躁，尤其需要富有诗意的山水和宁静的田园来松弛一下紧绷的神经，山水田园诗的美学价值就在这里。于是，节假日闲暇之际，教师带学生畅游于自然的天地之间，教学生学会观察家乡的风俗人情，运用文中学过的技巧训练写出有自己独特感受的诗词。这样既传承了民族文化，又增强了诗趣，岂不两全其美！

"春天，十个海子都复活。"深知学生对诗歌的喜爱以及对诗意的品悟，我开展了一节以"春"为主题的创作课——诗意春行。我以临海灵湖为创作素材，带领学生完成诗歌创作并品鉴学生的作品，实现一个从点亮诗情到诗歌创作再到诗歌欣赏的全过程。

1. 创设情境，迸发诗思

课堂伊始，我以青山碧湖、草长莺飞、桃花细雨、红樱古墙等画面给学生带来发散性思维训练，引导学生背诵几首春日春兴的诗歌。学生从中感悟到诗人的情怀，感受到人生的悲喜，感同身受时收获那至真的淳朴、宁静与祥和。学生的诗行在笔下缓缓流淌出来："雨透清新夜，远空寂默疏……""柳岸依水景芳菲……莺歌袅袅伴轻哨，青烟袅袅绕云梢。""淡烟雾霭楚凡尘……桃源深处桃花巅。""爱乐声里荡细影，原是薄雾化轻烟。南岸雾敛严霜早，古刹腊梅欲变金。"学生互说着对灵湖、对春的种种情思。课堂立体了，学生学习的效果凸显了。

2. 激发想象，燃烧诗情

现代著名诗人艾青曾言："想象与联想是情绪的推移，由这一事物到那一事物的飞翔。"在写诗时，只要孕于真挚而强烈的情感之中，想象的展开便有活力，就能随心所欲，营造出新颖奇特的形象。有学生写道："桥边红药叹春色，碧湖自在流水西，未见行伴成群对，却见晕红朦胧依。"学生有了真切的感受后，放飞想象力，也可以学着化诗为画或者化画为诗了；只要巧于构思，抓住灵感到来的瞬间，让想象为诗的主题表达、意象营造等服务，就能创造出新颖奇特的诗的意境。

当学生由王维的《杂诗》"来日绮窗前，寒梅著花未"联想写到"春风拂远景，暖面故乡意""暗香疏影见世安，笑谈前朝川"时，我知道，学生从实写到虚，引发了对家乡亲人的悠长思念，想象空间在不断扩大，已经脱去了俗气，诗情在燃烧，潜能得到激发，也增强了对传统诗词的认同。

3. 锤炼语言，发散诗意

自古以来，无论是著名诗人还是文学巨匠，都非常重视文字的推敲和语言的锤炼，落笔时无不字斟句酌与精心修改，使得每一句表达几乎都达到了精练的程度。

赏鉴陶诗的语言时，"见"字用得如此精妙，也引发学生对自己诗句的推敲。如"行穿风领地，坐借雨空间"的想象之妙，以及"烟雨胸中气，江河掌上纹"的非凡气度，读之令人耳目一新，最得佳评。

4. 自我赏评，涵养山水情

最后"奇文共欣赏，疑义相与析"，学生从诗歌的"押韵、节奏、凝练"等特点来进行思考，互评互改，分享感悟，交流想法，共同进步。

古人作诗，讲求声韵与节奏。抑扬的声韵朗朗上口；顿挫的节奏脍炙人口；错综的句式赞不绝口，使人"诵之行云流水，听之金声玉振"。学生边赏评边吟诵，发现吟诵得顺畅的往往就是好的诗歌。

教师不断鼓励夸奖，指导学生诵诗品情，提高艺术鉴赏水平，从中汲取经典的智慧。然后做一些总结，我们在山水田园诗的创作中大多运用白描手法、借景抒情法，更要懂得在自然山水中领悟宇宙人生的真谛，将个人情感与山水景观相碰撞、相融合，将心灵诗意地栖居于山水田园中。

四、自由创作

"孩子是天生的诗人"，写出真实的心灵显得特别珍贵。假如学生觉得创作有难度、易生腻，我们不妨鼓励他们自由创作。这些亲近自然、自由写诗的活动的组织开展不但丰富了学生的生活，增长了他们的见识，还为他们提供了写诗素材。写得好的诗歌在校刊上发表，这对于学生是极大的激励，是自我价值的实现。自由创作的优势在于具有丰厚的素材积累和深厚的思想沉淀，激发学生创作山水田园诗的热情，从而使更多优美的山水田园诗作品大踏步地走进课堂，在无数学生的心灵里播种扎根。

　　总之，运用"一线四步法"指导学生写诗，能轻轻叩开学生的心门，用"爱"和"好"为学生铺设一条洒满阳光的书香之路，唤醒学生对古典诗词的一份热爱，对传统文化的一份敬重，对和谐人性的一份审美关注。在不断地汲取营养中历练情感和思想，使他们成为一个知识有厚度、情感有浓度、思想有深度，有辨识、有情味的真正的读书者——书香之人。

参考文献

[1] 郭惠宇.诗词欣赏入门［M］.合肥：安徽教育出版社，2005.

[2] 徐小仙.互文视野下的高中古诗词教学探索与实践［D］.长春：东北师范大学，2011.

[3] 艾青.诗论［M］.北京：人民文学出版社，1981.

[4] 胡绍玲."原生态"：王维山水田园诗的美学价值［J］.时代文学（上半月），2012（6）.

"大概念"指导下的迁移学习

——以《梦游天姥吟留别》教学为例

浙江省临海市第六中学　黄敏健

　　《普通高中语文课程标准（2017年版）》中指出："重视以学科大概念为核心，使课程内容结构化，以主题为引领，使课程内容情境化，促进学科核心素养的落实。"新课改要摒弃传统的教育教学模式，要以"大概念"来促进学科核心素养的形成。

　　何为"大概念"？"大概念"是一种高度形式化、兼具认识论与方法论意义、普适性极强的概念，是最能反映一定范围内事物最本质属性与特点的理论性表达。在教学层面，"大概念"则特指认知层面的知识结构化和教育教学过程中的系统性与整体性。

　　埃里克森指出："大概念有极大的迁移价值，随着时间的推移能被应用于许多其他纵向的学科内情境和横向的学科间情境，以及学校以外的新情境。"由此可见，在落实"大概念"的理论基础上，我们注重教学的最终结果要指向"学习迁移"。

　　"学习迁移"是指一个人在一种情境中的学习影响其在其他情境中的学习。而这样一种能力让学生的知识获取不再局限于某一节课、某一个单元或是某一本书，而是在现有的基础上能够实现"深度学习"的目标。迈克尔·富兰在其著作中提出："深度学习目标是使学生获得成为一个具有创造力的、与人关联的、参与合作的终身问题解决者的能力和倾向。"这就与课程标准中提出的学科核心素养相契合。

我们在教学中应当思考如何用"大概念"来统摄某一节课或某一单元的教学，从而达到培养学生"学习迁移"的能力。下面，我将结合统编版高中语文必修上册《梦游天姥吟留别》一文的教学实践进行简要说明。

一、情境诱发：演绎一则导游的解说

新课标特别强调学生只有在真实情境中进行学习，才能将其迁移到真实的生活情境中，解决真实的生活问题，从而提升核心素养。在一节课的初始阶段，教师需要创设一个真实的学习情境，让学生去解决一个真实的学习任务，从而训练学习迁移的能力。

在《梦游天姥吟留别》中，我们不妨为学生创设这样的学习情境：

假如时光旅游局推出了一款旅游产品，可以让游客在古今中外各地自由游览，而你有幸应聘成为其中的一名导游，带领着游客们一起穿越到千年前的唐玄宗天宝年间去和诗人李白一起游览天姥山。请你结合《梦游天姥吟留别》这首诗，自行查阅资料，为天姥山这个旅游景点写一段解说词，并采用多种形式将其演绎出来。

首先，我们在设计情境学习时要注重真实性，而真实性在本质上是生活的。利用"导游解说词"这一工具来实现学生去自行、主动把握诗歌学习的基础性工作，即理解诗歌的主要内容。其次，诗歌鉴赏要在理解的基础之上去感受诗歌传递的"美"。我们在设计"演绎"的环节可以让学生作为一名导游去呈现他看到的天姥山美景，用可观的形式将抽象的文字之美转化为能够直接刺激视觉与听觉的作品。再加上要求学生自行查阅资料，运用多媒体技术等，也是与新课标要求的"关注语言文字运用的新现象和跨媒介运用的新特点"这一精神相契合。

二、问题驱动：做出一个游客的选择

问题驱动的逻辑性是整个课堂能否成功运行的重要机制。因此问题驱动需要指向教学的深层次，即学生的深度学习。引导学生开展深度学习，其实现机制是情境诱发和问题驱动，即以问题解决为路径，使学生在真实的问题情境中解决蕴含子概念的系列子问题，将学知、做事、做人联结起来。

问题呈现：

（1）"同是天姥山的游客，见到眼前的景色，你的内心感受是如何的？请用一个词来描述。"

（2）"诗人李白的内心感受又是怎样的？请用一个词来概括。"

（3）"同样是游客，为什么他的情感和我们的感受不一样？"

在以往的教学中，对于这首诗的分析，我们会侧重"梦"这个字，以此来做文章，再结合诗歌末尾"安能摧眉折腰事权贵，使我不得开心颜"这一句直抒胸臆的诗句来教授学生这首诗歌的主旨——对权贵的蔑视和对人格自由的追求。但如果仅仅是这只言片语，又恐怕把这首浪漫瑰丽的诗歌降维了。由此可见，我们的问题驱动应当是引导学生融入原文，用身心去感受、去体味。

实践证明，当学生如此深入探究后，多数学生可以感知到：李白一生的诗歌固多归隐出世之语，甚至及时行乐的思想与行动也随处可见，但仔细观察李白一生的行踪，我们就会明白，李白一进长安遇冷后，其所有放浪形骸的诗歌背后都有其难以言说的痛苦与郁闷，他所有的归隐之语背后都站着一个着急用世的灵魂。而这恰恰是李白这个"游客"情感表达的最终指向。

三、迁移学习：体会一群迁客的孤独

以上教学环节完成了在传统课堂的三维教学目标，但对于新课标理念的实践还远远不够。在"大概念"的支配下，我们要最终把教学指向学生迁移能力的提升。

首先，我们要明确本节课的"大概念"是什么。对于诗人李白来说，天马行空的文字和奇异诡谲的意境都只是他书写个人内心情感的"器"。拨开"梦"这一层神秘的面纱，我们可以窥见其实"游"的最终目的地不是眼前的天姥山，而应该是远在天边的长安城。李白难受于被驱逐出那个繁华的国都，倒不是他留恋其间的纸醉金迷，而是不甘心从此远离政治中心。有人说："李白兼具了庄子逸事高蹈、天马行空的自由之魂与屈原孤傲忠介、上下求索的倔强个性，这两种古来不可兼得的文化性格在他身上聚在了一起。"李白在出世与入世之间飘逸地跳脱着，我们看见他的潇洒与不羁，更应该看见以他为代表的中国士大夫的孤独，这是一群被贬谪文人的狂欢与孤独。

因此，我们的教学设计应该迁移引申指向这一个"贬谪的文人骚客"群体和其背后凝聚的中国特有的"贬谪文化"。例如，《赤壁赋》《始得西山宴游记》《兰亭集序》《滕王阁序》等，这些都是高中教材中的经典篇目，符合学生的认知需求。在做学习迁移设计的时候，我们不妨以这些作为素材库：

作为导游的你在规划一条主题为"千古贬谪之路"的时光穿越旅游路线，请结合《赤壁赋》《始得西山宴游记》《兰亭集序》《滕王阁序》等设计一条路线，并进行解说。路线中要包含景点名称、时间、地理位置、景点说明等。让游客能在这份解说中感知到这条贬谪之路因何而得名，其间留下了文人怎样的足迹与心路历程以及影响后世的遗迹。

在这样一项任务的设计中，通过群文对比阅读，让学生在对比中进行迁移归纳不同时代、不同性格的文人在遭遇贬谪之后，在寄情山水之时如何排遣自己内心的愤懑。无论是苏轼《赤壁赋》关于儒家与道家的悲观和达观的情感徘徊，还是柳宗元"悠悠乎与颢气俱，而莫得其涯；洋洋乎与造物者游，而不知其所穷"的颓然释怀，抑或是王羲之"当其欣于所遇，暂得于己，快然自足，不知老之将至云尔"的自我安慰以及少年王勃"老当益壮，宁移白首之心；穷且益坚，不坠青云之志"的未来可期的希冀。在迁移探究时，有必要让学生知道这些人的思想代表着中国几千年来传统士大夫的心态，在"达则兼济天下，穷则独善其身"的文化心境中，即使是被贬谪至穷苦之地，他们依然还自得其乐，但他们从未放弃过向前看，他们的目光一直注视着遥远的国都。那是他们出发的地方，也终将是他们的归宿。因此，贬谪的背后既是文人士大夫们对怀才不遇的牢骚，更是他们心系天下的文化心理。

新课改的落地已经有些时日，我们的探索在路上，要紧扣着新课程等提出的"大概念"，围绕着提升学生学科核心素养的目标，让学生的认识从基础知识的学习迁移到深层次能力的提升，我们要做到创设恰当的学习情境，用精心设计的开放式问题结构（体系）进行课堂驱动，从而培养学生知识有效迁移的能力。

"参与"项目落实任务

——以统编教材高中必修上册第四单元为例

浙江省温岭市第二中学 林 玲

如果将"当代文化参与"这一任务群名称进行关键词的拆分，那么"参与"绝对是特色也是重点。参与是指"聚焦特定文化现象……关注当代文化生活……积极参与当代文化生活"。而参与的方式包括开展"参与性、体验性、探究性的语文学习活动"，建设"各类语文学习共同体"等。参与体现了学生是学习的主体，强调了实践和体验。

项目式学习（简称BPL）通过团队共同解决一项任务，强调学生是主体，通过亲身实践、体验来获得发展，是强调真实的主动学习方式。这和当代文化参与学习任务群的学习目标不谋而合。重视参与，落实任务，不妨尝试将项目式学习引入这一单元的教学。

一、再现真实情境

项目式学习强调给学生提供一个贴近生活实际的驱动问题，这一问题来源于真实情境。当代文化就是真实情境。当代文化是指在当代对人民生活有所影响的文化，也包括对当代生活仍有影响的中国传统文化以及西方文化。当代文化情境范围广阔，可以通过设计项目学习导学案来引导学生做出选择（见表1）。

表1　项目学习导学案

同学们，我们的家乡有着丰富而悠远的历史，家乡多样的景致、独特的风俗习惯以及生活在那里的各类优秀人物无不承载着我们的记忆和情感，让我们带着对家乡的热爱之情去一一探寻。 请你在下列词语中选择一项你最感兴趣的，作为你此次寻访探究的对象，完成以下表格。 1. 人物　2. 建筑　3. 服饰　4. 交通　5. 习俗　6. 生活方式　7. 其他（需要自己填写具体内容）	
1. 你为什么选择_____作为研究对象？	
2. 你所了解的关于_____的历史。	
3. 你所观察到的关于_____的现状。	
4. 你觉得研究_____的意义何在？	

通过项目学习导学案，学生由课堂进入真实的社会情境，进而观察社会现象，激发学习兴趣，是参与家乡文化生活的开始。

二、确定研究项目

充分尊重学生在导学案中所做的选择，参考项目内容筛选注意点，征求学生的意见，最终确定研究的项目为"提升家乡群众性业余文化生活"。

三、项目设计规划

研究项目确定后，教师通过讲解或示例指导学生如何做规划设计。在教师的引导下，学生通过项目学习探究案的形式确立了研究的目标、方式以及任务（见表2）。

表2　项目学习探究案

项目内容	提升家乡群众性业余文化生活
素养目标	（1）通过调查研究、走访谈话，了解家乡群众性业余文化生活的历史和现状。 （2）评析家乡群众性业余文化生活，就其产生的原因进行剖析，并提出建设性建议，提升家乡群众性业余文化生活。 （3）通过参与家乡文化生活，热爱家乡，增强文化自信
学习方式	调查　　访谈　　自主学习　　小组合作

续 表

项目内容	提升家乡群众性业余文化生活
任务驱动	（1）收集资料，了解家乡群众性业余生活的历史情况。 （2）通过访谈、问卷调查等方式对家乡群众性业余生活的现状进行整合。 （3）分析、评价家乡群众性业余生活及其带来的影响。 （4）为提升家乡群众性业余生活提出建设性建议等具体措施

四、项目实施过程

项目实施依靠项目内容为驱动，在实施过程中，通过若干任务活动的设计来推动项目的开展。活动的确定可以是师生共同合作的结果，但是调查、访谈及调查报告的撰写需要学生全程参与。

活动1：家乡群众性业余生活知多少

通过观察、访谈、调查问卷等方式了解家乡群众性业余生活的历史、现状及需求。

在调查前，先规划路线，分配任务。学习毛泽东《调查的技术》、王思斌《访谈法》等文章，学习设计调查表格、访谈的准备和技巧（见表3）。

表3 家乡群众性业余生活调查表

尊敬的女士/先生：

您好！我们是××学校的学生，正在做一个关于家乡群众性业余生活调查。我们希望能通过调查了解现状，提升家乡群众性业余生活。请您按照真实情况，在选项上打√。感谢您的积极配合！

	A	B	C	D	E	F
您的性别	男	女				
您的年龄	20岁以下	20～29岁	30～39岁	40～49岁	50～59岁	60岁以上
您的职业	农民	个体	事业单位	无业	退休人员	其他
您的文化程度	小学	初中及以下	高中或中专	大专	本科	硕士及以上
您的月收入情况（元）	1000以下	1000～2000	2000～3000	3000～4000	4000～5000	5000以上

	A	B	C	D	E	F
您每月在文化产品上消费的占比	5%以下	5%～10%	10%～15%	15%～20%	20%～25%	25%以上
您每天花在文化娱乐活动上的时间	30分钟以下	1小时以内	1～2小时	2～3小时	3～4小时	4小时以上
您会选择哪些娱乐活动	电视、电影	麻将、打牌、下棋	运动健身	唱歌、跳舞	看书、喝茶	宗教活动
您所在社区开展过哪些文化活动	文艺表演	体育比赛	棋类比拼	知识竞赛	各类讲座	技能竞赛
您觉得社区开展的文化活动如何	活动次数太少了	活动项目不够丰富	一般，不是特别在意	很好，很满意	太多了，有点扰民	其他
请描述您理想的业余文化生活						
对所在社区的业余文化生活，您有哪些宝贵建议						

活动2：我看家乡群众性业余生活

教师要引导学生对调查资料做深入挖掘分析，形成对家乡群众性业余生活的认识和思考。学习撰写调查报告（见表4）。

表4 家乡群众性业余生活调查报告

项目内容	提升家乡群众性业余生活
项目调查步骤与方法	（1）设计调查问卷或访谈记录表。 （2）项目小组利用课外时间深入家乡走访，发放调查问卷或开展访谈活动
项目调查内容	访谈对象性别、年龄、职业、工资、文化生活时间和费用占比、对业余文化生活的选择等

续 表

项目内容	提升家乡群众性业余生活
项目调查分析	（1）不同性别、年龄等造成选择的不同。 （2）人们对业余文化生活有较高需求
调查内容结论	（1）业余文化生活历史：相对粗俗，如赌博、麻将、电视、逛夜市等。 成因：缺少活动场所，文化宣传过少等。 （2）业余文化生活现状：有所变化，如看电影、跳广场舞、上网、观看文艺节目等。 成因：活动场所兴建，网络普及，文化下乡等
参考资料	毛泽东《调查的技术》、王思斌《访谈法》、费孝通《乡土中国》

活动3：我为家乡群众性业余生活献计献策

以项目小组为单位，以书面报告或以PPT等形式进行汇报展示。

最后，综合学生的答案，得出解决问题的方案。通过建设活动场所，如文化礼堂、村镇图书馆或家庭图书馆以及举办各类活动，如戏曲、话剧下乡、文艺沙龙、文艺赶集等丰富家乡群众性文化生活。

五、项目评价反思

项目式学习评价是全面综合的，包括提升学生问题解决的能力，但又不局限于此；其是发展动态的，既关注学习结果，也关注学习过程。在评价对象上也观照到自评、互评和师评；在评价形式上也可创新，结合当下科技做成小程序投票的方式，吸引学生积极参与（见表5）。

表5 项目学习评价反思

项目名称			填写人		A. 优秀 B. 良好 C. 待提高		
项目时间			填写日期		自评	互评	师评
项目实施准备	学习态度		收集资料并整合				
	团队协作		参与组队并主动承担任务				
项目实施过程	创新实践		发挥个性特长，施展才能				
			探求新思路，运用新技术				
	团队协作		尊重他人，欣赏队友				
			分工合作，各展所长				

续 表

项目名称			填写人		A.优秀 B.良好 C.待提高		
项目时间			填写日期		自评	互评	师评
项目实施过程	纪律意识		听从指挥，服从管理				
	安全文明意识		注意出行安全				
			注重公众场所的行为规范				
项目成果展示	项目成果		形成文字性材料或其他形式成果				
		特别收获					
		建言献策					
总分	总分100分，项目实施准备10分；项目实施过程60分；项目成果展示30分。评分标准：获得优秀的百分比×总分，三个部分的得分相加和为该名学生的最终得分						

  学生在真实情境中参与项目的确定，在实施过程中参与访谈、问卷发放和整理分析，以小组为单位参与项目成果展示，在最后的评价环节也可参与自我评价，参与成为项目式学习的主旋律。当代文化参与学习任务群教学目标要求的落地可以通过项目式学习得以实现。

参考文献

[1] 教育部组织编写.普通高中教科书·语文必修上册［M］.北京：人民教育出版社，2019.

[2] 中华人民共和国教育部.普通高中语文课程标准（2017年版，2020年修订）［S］.北京：人民教育出版社，2020.

[3] 李煜晖.当代文化参与学习任务群教学刍议［J］.新课程评论，2020（9）.

让思维训练真正落到实处

——《〈拿来主义〉的逻辑诊断》点评

浙江省台州中学　梁翰晴

临海市高中语文统编教材课堂教学第二次专题研讨活动暨临海市洪方煜名师工作室新教材教学研讨活动上，梁翰晴老师的公开课《〈拿来主义〉的逻辑诊断》以其独特的角度、厚实的内容、精巧的设计得到一致好评。

一、教学构想

2020年，统编版教材正式取代浙江长期使用的苏教版语文必修教材。这两种教材都选入了鲁迅的《拿来主义》。其中，苏教版将《拿来主义》编入必修三第三单元"文明的对话"中，在单元学习提升中强调："文化的发展离不开纵向的积累与创新，同时也离不开横向的沟通与借鉴。"而在统编版教材中，将《拿来主义》编入必修上册第六单元"学习之道"中，尤其强调本文的"破而后立"和"比喻论证"。可见，教学侧重点发生了变化，从原本更注重对"拿来主义"作用的理解转向对议论文本身的把握。本次任教的学生为临海市大田中学高一学生，他们并未学习过此文。在导学案的基础上，教师先引导学生厘清"破而后立"和"比喻论证"的手法，再引入"矛盾律"和"同一律"两大逻辑基本规律，立足"思维发展与提升"的核心素养，通过活动驱动的方式，让学生对此文进行逻辑诊断，巩固已学知识，提升学生的思辨能力。

二、教学目标

（1）通过预习导学案，把握《拿来主义》的内容，掌握"破而后立"的驳论文结构和"比喻论证"的论证方法。

（2）引导学生运用逻辑思维解读文本，在逻辑"矛盾律"和"同一律"的观照下，平视经典，发现经典中的逻辑纰漏，使学生在思考中提升批判性的思维品质。

1. 导入

1998年迪士尼动画电影《花木兰》片段。

师：我们先来欣赏一小段动画电影。之前有没有同学看过？这是一部1998年的电影《花木兰》，上映后，在全球创下了3亿美元的票房，这在当年可是天文数字。于是10年后，美国梦工厂如法炮制——《功夫熊猫》诞生了，它在北美播映的第一个周末，就以6000万美元的票房夺冠。你认为，这两部电影的成功有何相同之处？

生：花木兰来自中国民间故事，熊猫是中国独有的，这些都是美国人将中国独特的形象运用于电影。

师：你的剖析很具体，有没有同学能讲得更简洁？

生：都是美国借鉴了中国的文化元素。

师：你为第一位同学做了概括。而在多年前，鲁迅先生针对这种文化上的借鉴已经有了翔实的论述，这就是"拿来主义"。我们高中语文老师之间一直流传着几句话——高中学生"一怕写作文，二怕文言文，三怕周树人"，今天，我们不但要走近你们害怕的周树人，还要平视他的作品，运用导学案中的逻辑学知识对这篇《拿来主义》进行逻辑诊断。

2. 活动1：理脉络（导学案讲评）

师：文中哪句话是解释"拿来主义"的？

明确： 所以我们要运用脑髓，放出眼光，自己来拿！

（此问题来自导学案，是导学案的第一题。在《拿来主义》中，对关键论点的呈现并不是开门见山的，而是先在开头依次批驳了"闭关主义""送去主义"和"送来主义"，直到第7段才解释"拿来主义"的具体内涵。以第7段为界，将文章切分为第1～6段和第7～10段两个部分，有助于学生把握全文，厘清脉络。）

师：请大家齐读这句话。

（生齐读，语气平淡，语速较慢。）

师：大家的语气相对平静。联系导学案中的写作背景，请试想，在那个风雨飘摇、内忧外患并存的年代，看着国内文化界的分歧，鲁迅先生的心情是怎样的？请你再来读一读。

（一生读，声音洪亮，语速加快。）

师：谢谢你的朗读，我注意到你在读的时候，语速加快了。请说说你为什么要这样处理。

生：我从写作背景中读到了鲁迅先生的焦急。因为对于国内文化界的分歧，无论是"全盘西化"还是"全盘否定"，都很极端。鲁迅先生很想迅速拨乱反正，所以语速是很快的。

生：我觉得还可以再补充。我们是文明古国，但是在文化上已经没落了，鲁迅先生在焦急的同时，应该还是心痛的。所以应该读得低沉一点。

师：非常深入的见解！你们可以说是鲁迅先生的知音了。大家体会到了没有？请再次回想那个风雨飘摇的年代，这时候你就是鲁迅，请投入你的情感——焦急、迫切之中带着一点心痛，再次齐读。

（生再读，很有感情。）

师：把这句话读出味道后，我们就离鲁迅更近了一步。我注意到大家在读的时候，把"所以"两个字咬得很重，既然第7段是由"所以"引启的，那么第1～6段写的是什么？第8～10段呢？

生：第1～6段是"为什么"，第8～10段是"怎么办"。

师：很对。我们以第7段为分界线，将文章分成了两个部分，接下来，我们先梳理第一部分的内容。在课前，我已经对大家的预习情况进行过检查，我将同学们的答案综合了一下，请看（PPT呈现）。

因为（闭关主义）的实质是（明清以来奉行的闭关锁国），会导致（大门被枪炮打破）。

因为（送去主义）的实质是（对外国列强谄媚讨好），会导致（子孙沦为乞丐）。

因为（送来主义）的实质是（帝国主义的文化侵略），会导致（对外国文化一概排斥）。

师：正因为"闭关主义""送去主义""送来主义"产生了那么多的不良后果，所以鲁迅才会喊出"拿来主义"的口号。先批驳，再提出论点，这种结构叫作？

生齐答：先破后立。（师板书）

师：没错，这是驳论文的写法。依次批驳了那么多"主义"，终于把"拿来主义"口号喊出来了，究竟如何拿来？在第8～10段，鲁迅先生用比喻论证为我们解释了这一问题。同样是大家的作业展示（PPT呈现）。

第8段批判了哪几种错误做法？（见表1）

表1 批判错误做法

喻体	本体	作者态度
孱头	消极的逃避主义者	反对
昏蛋	盲目排外的虚无主义者	反对
废物	主张全盘西化的投降主义者	反对

第9段阐述了"拿来主义"者应采取怎样的态度和方法？（见表2）

表2 态度和方法

喻体	本体	作者态度
鱼翅	精华	吸收
鸦片	精华、糟粕参半	取其精华，去其糟粕
烟灯烟枪	旧形式	适当存放
姨太太	糟粕	毁灭

师：得益于大家的认真预习，我们迅速将文章的脉络梳理清晰了。接下来，我们一起进入重头戏：诊逻辑。

3. 活动2：诊逻辑

师：默读第7～10段，请大家边读边勾画"怎么拿"相关的句子。

生："我们要运用脑髓，放出眼光，自己来拿！"

生："我想，首先是不管三七二十一，'拿来'！"

生："他占有、挑选。"

生："总之，我们要拿来。我们要或使用，或存放，或毁灭。"

师：请大家独立思考3分钟，这四句话的表述是否一致？或者说，有没有哪句话让你觉得是格格不入的？

生：第三句和其他几句不一致。这句话显得特别霸道，不加思考，其他几句话都是在思考之后再行动。

生：我不同意。应该是第二句和其他三句不一致。理由和他一样，这句才是不加思考。

生：我认为是第四句。前面四句是错误的。因为第四句才是真正对拿来的东西进行思考和筛选，前面几句都是在蛮干。

生：我觉得应该分成两类，第一句和第四句都对。第二、三句"占有"排在第一位，没有脑子。第一句是先思考，再拿；第四句针对不同东西，或使用，或存放，或毁灭，也是充分思考后做出的决定。

（大部分学生开始赞同这种观点。）

师：按大家的思维，如果第四句正确。你去饭店，是到那里去什么都不管，每份菜都点上一桌子，自己喜欢的当场吃掉，家人喜欢的打包存放，准备带走，都不喜欢的当场倒掉吗？

（学生笑，摇头。）

（当学生的答案不一致时，需要设立一个支架，梁老师以点菜为喻，将四句话的关系说得清清楚楚，让学生在会心一笑中明白了道理，尽显教学睿智。）

师：大家发现了吗，刚刚老师也用了比喻论证。有时候，抽象的道理想不明白，就可以换成生活中的案例，和大宅子、鸦片、姨太太的比喻一样，我们将抽象的道理变得具体了。认为第四句正确的同学们，你们都忽略了一个重要前提——"拿来"可不是白白拿来，是要付出代价的。大家发现没有，这里有一个小细节很有意思。将第二、三、四句话放在一起，你能不能看出这里面的逻辑是很顺畅的呢？

生：确实，第二句话先不顾一切地拿来，第三句话是拿到手之后开始挑选，第四句话是在挑选的过程中或使用、或存放、或毁灭。所以应该是不同。

师：可见，第二、三、四句话在一个频道，先行动，再分析，而第一句是先分析，后行动。四个句子向两个方向说，这就违反了什么逻辑规律？

生：矛盾律。

（有关矛盾律的知识已经在导学案中详细讲述，此时在PPT中简要展示：在同一思维过程中，对同一对象不能同时做出两个矛盾的判断。不能既肯定它，又否定它。）

师：可见，鲁迅先生的这篇文章给我们留下了讨论的空间。平视经典，剖析经典，用逻辑的规律去诊断经典。或许这是大家第一次感觉到，鲁迅先生的文章也有纰漏。再接再厉，让我们进入本节课的第三个活动——辨主题。

4. 活动3：辨主题

师：围绕"何处拿"的问题，学者们做了细致的研究，但在学术界却产生了分歧，请大家看PPT，这两篇论文都发表在《中学语文教学》上，这是级别很高的权威期刊，二者的题目也很有意思，一篇叫作《〈拿来主义〉"逻辑"诊断》，另一篇叫作《〈拿来主义〉"逻辑"诊断的逻辑诊断》。他们的观点也很有意思，一者更偏向从外国文化中"拿来"：

（PPT）稍有理性思维与判断力的人，读完《拿来主义》都会很自然地得出本文谈的是"对外交流"问题的结论。

一者更侧重从中国传统文化中"拿来"：

（PPT）……类似"互文见义"，但是有关对待外国文化的态度和做法同样适用于中国文化遗产。

你认为本文的主题是什么？是从外国文化中拿还是从传统文化中拿？请大家跳读全文，找到依据，分组讨论5分钟，进行辩论。

（学生讨论，教师走进学生组内，引发争议——若他们觉得是从外国文化中拿，则问为什么在比喻论证中用祖传大宅子作比；若他们认为是从传统文化中拿，则问为什么第1～6段都举外国例子。）

组1代表：从外国文化中拿。前几段批判的"闭关主义""送去主义"等都是针对外国文化来说的，鲁迅提到我们送去的对象是法国、苏联等，但送出去太多了，要拿来，当然是从外国文化中拿精品。

组2代表：我们也认为主题是外国文化。理由跟上组一样。

组3代表：文章第8段明明拿传统文化举例子，我认为第1～6段是列举几个不好的"主义"，是为了引出"拿来主义"，之前分析过，有关"怎么办"的第7～10段，所以主题是本国文化。

组2代表：大宅子可以是从外国拿来的，因为这是比喻论证。因为文章是写给国人看，所以拿本国的东西作比，读者才看得更清晰。

组3组员补充：第8段说了"阴功"，大宅子就是从先辈那里继承的，不可能是外国的。而且里面的"鸦片""姨太太"之类的都是中国的特产。

组1组员补充：鸦片明明就是国外传进来的。就是拿大宅子比喻外国文化。

组4代表：我们认为既从外国，也从本国。前一半是针对外国文化拿来，后一半是针对中国古代文化继承，这两个不冲突。上面那篇文章也说了，是"互文见义"。主题都是"文化"。

（生开始思考，大家都开始认为是两者都拿。）

组1组员补充：我认为还应该是外国文化。因为标题是"拿来主义"，如果是从本国拿，那么根本不需要说"拿来"。

师：你的想法非常有见地，已经站在逻辑的层面思考问题了！大家想想，如果真的是从本国文化里面拿，需要说"拿来主义"吗？本国文化已经在那里了，已经是我们的固有财产了。我觉得说是"挑选主义"或是"继承主义"才对。所以，当鲁迅将这篇杂文取名为《拿来主义》的时候，其实写作的基调就已经确定了，只有从国外"拿来"，才叫"拿来主义"。所以，举传统文化的例子欠妥。他违背了矛盾的什么规律？

生：同一律，他犯了偷换主题的错误。

师总结：其实，《拿来主义》是杂文，而非议论文。杂文本身显得更灵活，对于逻辑的要求也并没有那么高。但是我们至少明白，鲁迅先生的文章并不可怕，这篇文章给了我们辩论的空间。学会运用逻辑知识平视经典，我们会有更多的发现。人是一根能思想的苇草，我们需要学会分析和质疑，与文本进行真正平等的对话。权威人士是可以挑战的，经典也可能有错误，不迷信权威，不迷信教材，这才是学习的方法。

选点建群：以群文教学带动核心素养的落实

——以《荷塘月色》教学为例

浙江省大田中学　王丽萍

新课标强调要以学习任务作为导向，有效整合多种教学资源，拓宽学生的视野和知识面，增强学生语言训练的密度和实际应用的能力，从而达到滋养人文、提升语文综合素养的目的。学习任务群凸显了语文教学的根本途径，"群"是其中的核心内容，也是推动学生自主开放学习的一种新型学习模式，基于核心素养的群文教学有助于高中语文课堂教学质量的提升。编者将《荷塘月色》与《赤壁赋》《故都的秋》《我与地坛》三篇文章分别建群，设置了语言、思维、文化、审美等基于核心素养提升的学习任务，对此进行尝试。

一、整合语言特点，完成语言的构建与运用

整合多个文本的语言特点，增强学生语言训练的密度，在散文学习中逐步达到语言建构与运用的目的。依托教材与丰富的语言材料，创设适当的语言情境，引导学生通过多个文本的比较阅读，整合形成自己的独特经验，从而改变以往固化的语言学习模式。通过建群教学，让学生梳理并归纳"同类"文本的语言运用规律，提升语言建构与应用能力，从而更好地运用到自己的语文学习实践中去。

具体做法是：反复涵泳咀嚼，感受作者的文辞之美，初步赏析情景交融、情理结合的手法。如将朱自清的《荷塘月色》与《我与地坛》进行比较阅读时，先引导学生精读《荷塘月色》的第4、5、6段以及《我与地坛》的写景段

落，着重赏析两篇散文的语言，抓住景物描写的特点：在音韵方面，多用叠词，能够加强语气、强调内容并且富有音乐美，例如，"田田""亭亭""脉脉"等；在词语选用方面，都用了一系列色彩丰富的词语，创造出画面感，如"凝碧""朱红"等；在修辞方面，除了大量运用拟人、比喻、排比等手法，更结合视觉、听觉、味觉、嗅觉，表达生动、手法多样而富有诗意；在句式方面，多用整句与散句，长短变化且错落有致。又如将《荷塘月色》与《故都的秋》比较阅读时，可突出《故都的秋》"一层秋雨一层凉"的地方语言特色。

作为语文核心素养的基础，"同中有异""异中有同"的多元性语言鉴赏能建立起群文材料之间的有机联系，促进学生语言积累与应用的有效化，通过比较整合来"观同辨异"，为进一步赏析情景交融、情理结合的手法奠定基础。

二、求同存异，促进思维的发展与提升

在落实核心素养中，如何选择不同课文的相同点和不同点，如何建群尤为关键。清华大学附中王君老师认为："起初感受到的是'山有小口，仿佛若有光'的灵光诱惑，渐读渐进，眼前呈现'豁然开朗'的深广境界。"也就是说，教师要在对几篇文章进行充分研读后，集中设置出一个可以牵一发而动全身的问题。议题一定要小而集中，便于学生阅读，能由浅入深地引领学生的阅读思路。为此，除了单篇课文沿着内容指向进行纵向比较思考，我们还要将多个文本视作一个整体，利用已有的知识和经验进行文本之间的横向比较阅读。这种立体网状的课堂教学结构，利用课文内容纵横交织的比较，让学生在原有认知与积累的基础上打破思维定式，训练思考问题的深度和广度，培养有价值的思维品质，养成独立思考和探究的习惯，从而对文章内容有更全面、更独到的理解。

如将《荷塘月色》与《我与地坛》进行整合时，以朱自清与史铁生如何在自己的人生困境中去寻找心灵慰藉为切入点，探究人的心境与风景的契合点。相同点：他们都遭遇了人生的困境，心境有何相似之处？不同点：如何寻求心灵慰藉以及最后的心灵归处？同时穿插写作背景，探究作者在文章中的人生思考。

将《荷塘月色》与《赤壁赋》进行整合时，可以寻找相似点：月色。不同

点：作者笔下独一份的月色，即一种月色，两般意趣。依据景物意象、形声色态、画面组合、氛围意境等同中有异的月色特点，追寻这些自然景致之中所渗透的作者的内在情感和哲理感悟。比较文章抒情的同与异以及探究人与景的关系——景给了人什么？人又给了景什么？

在此基础上，引导学生以合作学习的方式分享阅读感悟，创设"疑义相与析"的阅读鉴赏氛围，在交流研讨中得到思维的碰撞与提升，最终掌握阅读写景抒情散文的基本方法。

三、自主开放，追求审美心理与文化传承

审美心理的获得与传统文化的传承要在保持语文性的前提下，潜移默化地浸润熏陶。正如新课标所说的，"学习语言文字的过程，也是文化获得的过程"。合适的建群，指引学生多层面探究主题，认识传统文化的价值，汲取民族文化的智慧，以落实传统文化对语文核心素养的培养。

文化传承指的是学生在学习过程中，立足语文核心素养，利用语文综合性学习活动，初步具备对民族统文化的理解与吸纳、传承与发展的能力，这也是群文阅读强调的要点。比如在进行《荷塘月色》与《赤壁赋》联读时，我们可以在"月亮"上做文章，就"月亮情结"去体会独特的民族审美心理。比如，从天上的"月"："月出皎兮，佼人僚兮。舒窈纠兮，劳心悄兮"（《诗经·陈风·月出》），到心中的"月"："月明星稀，乌鹊南飞"（《短歌行》）、"海上生明月，天涯共此时"（张九龄《望月怀远》），再到文化的"月"：它是人类情感的载体，中国人往往追求"圆"文化，象征人生与事业的圆满，这种静美与永恒的审美意境也引发了许多文人的空灵情怀，并且在中国的佛教文化中，月也具有非常特殊的意义。这些拓展延伸能让学生进一步感悟到月亮本身是终古常见的，却又是光景常新的。

在《荷塘月色》与《故都的秋》《我与地坛》《赤壁赋》进行群文教学时，都可以自主开放地让学生进行阅读体会的表达：你认为哪篇文章写得更美，为什么？如果让你来画一幅图，你会选择什么绘画形式来画，怎么画？如果朱自清和苏轼（史铁生、郁达夫）一起举办读者见面会，你想跟他们交流什么话题？……

四、以读促写，完成审美鉴赏与创造

无论是朱自清笔下的荷塘，还是郁达夫心中故都的秋，抑或是史铁生的地坛、苏轼的赤壁，都以其充满感染力的语言、丰富多彩的描写手法、引人入胜的情境和独具特色的谋篇布局启迪着学生。教学完毕，我们可以让学生自由选择其中的一个或两个特点进行片段仿写，或者选取喜欢的景物写一篇散文，力争做到情景交融。这一学习任务可以激发学生的写作兴趣，将群文比较阅读的感受及时转化为能力，由审美鉴赏延伸到创造，学会用口头语言和书面语言去表现美与创造美。

在新课改的时代背景下，我们要充分利用文本特征，选择合适的点建群，打造纵横立体的课堂教学结构，通过语言、思维、审美、文化等目标的达成来全面提升学生的语文核心素养，让语文教学具有更大的意义和价值。

"微专题"开发的三个策略

——以《写作微专题：如何提出自己的观点》为例

北京师范大学台州附属高级中学　樊庆辉

在"新课标下的新教材呼唤着新教法"的大背景下，"微专题教学"应时应教所需，闯入了广大一线高中语文教师的视野。因其"微而精"的特点，做好单元内的"微专题"的序列化开发可以有效避免教师以"无明状态"对新教材进行被动的教学实践。这是对2017年版新课标的积极回应，更是教师在"任务群教学"导引下，创新教学方式的适切选择。

做好单元内的"微专题"的序列化开发，这样的宏观认知固然可贵，但如何开发"微专题"依旧是一个需要教师认真思索、实践突围的核心问题。褚树荣老师认为："所谓微专题教学，是在学习任务群框架下，选择核心的语言知识、关键的语文能力、基本的审美方法、典型的文学现象、多元的文化话题等要素，提炼成小而精的教学点，然后围绕这些教学点进行深度学习，从而培育语言能力、思维品质、审美经验、文化理解四种核心素养。"基于此项教学实践，我认为，做好"微专题"开发需要有三个意识：一是目标意识，即怎样"提炼小而精的教学点"，生成教学目标；二是深度学习意识，即通过怎样的"教学设计"实现深度学习；三是测评意识，即通过怎样的学习测评方式来检测学生的学习成效。简言之，以上"三个意识"对应的是两个层面的各三个问题，即教师层面的三个问题——教什么、怎么教、教得怎么样的问题；学生层面的三个问题——学什么、怎么学、学得怎么样的问题。为此，以《写作微专题：如何提出自己的观点》为例，紧扣"微而精"的特点，详述"微专题"开发的三个策略。

一、教学目标的生成策略

教学目标的选择与确定之于"微专题"的开发，犹如"导航灯"，居位正且明亮。由此，教学目标的生成需要做好三个维度的整合：一是立足教材，整合单元学习任务、单元导语、学习提示，对标新课标；二是聚焦文体，依体而教；三是基于学情，精准教学。我在开发《写作微专题：如何提出自己的观点》时，充分进行了三个维度的整合（见表1）。

表1　三维整合表

维度一	必修下第一单元的写作任务三要求"写一篇不少于800字的议论文，阐述你的观点"。本单元归属于"思辨阅读与表达"任务群，新课标中的"学习目标与内容"要求"学习表达和阐发自己的观点，力求立论正确，语言准确，论据恰当，讲究逻辑。学习多角度思考问题。学习反驳，能够做到有理有据，以理服人"
维度二	要想"阐述自己的观点"，必须依体论之。结合单元任务中的学习材料《如何阐述自己的观点》，可以确定议论文或论述文为本单元的写作学习任务
维度三	真实的学情是学生都或多或少地知道"提出自己的观点"的方法，苦恼的是面对具体的"文题"（事件、道理、观点、主张）时，要么是没有观点，要么是提不出那种用于表达自己真知灼见的卓尔不群的观点
生成教学目标	（1）学习运用批判思维、对比思维提出自己的观点。（2）深刻领悟思维的力量之于个性化表达的巨大作用，使写作从格式化、套路化的习惯中突围出来

三维整合的过程就是教学目标由提出到提炼再到提纯的过程，即教学目标由"学习如何阐述自己的观点"到"学习提出自己观点的方法"再到"学习方法背后的思维"的"微而精"的生成过程。

二、教学设计策略

教学设计是在任务群教学导引下实现教学目标的保障，是用来解决教师怎样教、学生怎样学的问题的具体举措，更是体现深度学习、支撑微专题生成的关键。简言之，教学设计即在真实情境中瞄准教学目标找"路"。为此编者设计如下。

【教学设计】

真实情境：为了更好地践行"让学生站在舞台中央"的育人理念，学校拟就悬挂在教学楼上的标语——"听闻少年二字应与平庸相斥"开展征文活动。如果你是投稿人，请写好这篇议论文，阐述你的观点，展现学子风采。

任务1：阅读材料《如何阐述自己的观点》

活动1：阅读"单元学习任务"中的《如何阐述自己的观点》这则材料，请提炼关键词，并说一说你提炼的关键词都有哪些以及你认为哪个关键词最重要。

任务2：思读经典，汲取智慧

活动2：如果你是"阅卷人"，请从"提出自己的观点"的角度，分别就"阅卷单"中的文题和考生的作文片段给出相应的等级（如A、B），说明理由，并分析"考生"是用什么方法来提出观点的。

活动3：请同学们身外化身，你就是"考生"，面对摆在你面前的"文题"，想象一下"考生"是怎样思考的，才提出了自己的观点。（小组讨论：画出思维结构图）

任务3：学习测评，提出观点

活动4：请你就"听闻少年二字应与平庸相斥"这则壮志之语提出自己的观点。（要求：书面表达，200字以内）

任务4：写好这一篇（布置作业）

活动5：请你就"听闻少年二字应与平庸相斥"这则标语写一篇议论文，阐述自己的观点。（1000字以内）

就任务2中的"典型的学习内容"，单元内的五篇选文，没有一篇是典型的议论文，作为学习资源具有不适用性。有鉴于此，编者灵活处理，进行跨单元选文，将《师说》的第1段和《六国论》的第1段作为典型的学习资源，对其进行创意设计，并将三大语文学习活动有序植入递进式学习任务中，促进学生语文核心素养的发展（见表2）。

表2　阅卷单

阅卷单			阅卷人：	
文题	考生的作文片段	考生	等级	理由
请你谈谈"跟从老师学习"的道理	古之学者必有师……	韩愈		
请你就"六国破灭"的原因，说说自己的认识	六国破灭，非兵不利，战不善，弊在赂秦……	苏洵		

　　紧扣"微而精"的特点，将"典型学习资源"进行创意设计，旨在两个方面发挥最大的效能：其一是"文题"与"学习资源"对接，形成学习情境，引导学生规范化写作；其二是通过"学习活动3"，引导学生发现方法的背后是思维的力量，学会运用批判思维和对比思维提出自己的观点，并将学习收获转化为思维结构图，服务于个性化表达的需要。

　　通过教学实践，我认为，"微专题"开发的"教学设计策略"应有三个步骤：一是在真实情境中，瞄准教学目标找"路"，但无论是乡间小路、柏油马路还是高速公路，都必须脚踏实地，绝不能凌虚蹈空；二是教学设计既要顾首，也要顾尾，即真实情境与学习测评相呼应，形成学习过程的闭环；三是典型学习资源的选择，既可于教材内选取，也可课外资源补充，但都需对其进行创意设计，做好内容支撑，完成深度学习。

三、测评策略

　　学习测评是测评意识的具体体现，是检测教师教得怎么样、学生学得怎么样的具体实施。鉴于单元课时及其特点，开发"微专题"时，应紧扣"微而精"的特点，以跟随学习目标与内容和体现分层教学为策略进行学习测评的任务设计，具体形式可以是"微写作""小论文""自编练习"等。就写作教学而言，片段式的"微写作"适合当堂检测，如"任务3""任务4"旨在课后检测学生作文能力提升情况。两个测评任务既是对深度学习的检测，也是对分层教学的检测。鉴于篇幅，本案例呈现一则写作片段。

　　听闻父母口中的"别人家的孩子"，我们往往叹服人家学习好，挣钱多，事业有成，梦想成真，而奋起直追，一路向前，这固然不平庸。可最终却不知道自己究竟要什么，要成为怎样的自己，逐年累月地与他人相近，却与真实的自己渐行渐远。一路拒绝平庸，却硬生生地把自己活成了别人的模样，成了"空心人"。难道这就是不平庸吗？因此，我认为拒绝盲从者，方能不平庸。

就写作片段而论，该片段属于个性化表达。学生先肯定向榜样（别人家的孩子）学习是不平庸，然后从众多的"看齐者"中发现那些"不知己者""盲从者"成了"空心人"，并加以诘问来完成否定，并于肯定与否定间进行深度思辨，赋予平庸以新的内涵——盲从者即平庸，由此提出"拒绝盲从者，方能不平庸"的观点。该生没有刻意解释什么是平庸，而是通过肯定、否定的对比思辨，成功完成了对观点中的核心概念"平庸"的解释和限定。可谓不落俗套，令人耳目一新。通过这样的学习成果，显见学生语文核心素养的发展情况是深度学习的体现，更是"跟随策略"和"分层教学策略"的生动体现。

以上紧扣"微而精"的"微专题"开发的三个策略是破解教师以"无明状态"对新教材进行被动实践的有效办法，是在单元内进行"微专题"的序列化开发的有力保障，更是实现聚点成面、由面成体地回应、支撑任务群教学的积极策略。

参考文献

[1] 褚树荣.微专题：课标进课堂的合适通道（上、下）[J].语文学习，2019：3-4.

[2]《基础教育课程》编辑部.走进新时代的语文课程改革——访普通高中语文课程标准修订组负责人王宁[J].基础教育课程，2018（1）.

[3] 中华人民共和国教育部.普通高中语文课程标准（2017年版）[S].北京：人民教育出版社，2018.

好奇　探究　传承：说明文别样韵味

——以《说"木叶"》《中国建筑的特征》为例

浙江省长兴中学　梁　磊

人非生而知之者，孰能无惑？好奇心和求知欲推动着人类前进的脚步。对自然现象的好奇就形成了今天的生物、地理、物理、化学等基础学科；对社会现象的好奇就形成了社会学、政治等；对人生意义的追问就形成了哲学……

简言之，思维的起点即对林林总总的自然、人生、社会现象感到好奇。林庚对诗句中大量使用"木叶"一词感到好奇；梁思成对中国传统建筑的特征感兴趣，于是追根究底，得出相对理性严谨的认知。可见，对事物形貌、状态、性质、构造、功能、制作方法、发展过程、内在事理给出"合情合理""科学规范"的解答并形成文字就是说明文。

一、展示交流，初识特征

任务1：以《说"木叶"》《中国建筑的特征》为例，简要分析说明特点，初识阅读方法（见表1）。

活动1：根据课后作业填写表格，小组推荐发言。

设置此任务以尊重学生阅读初体验为基础，鼓励学生大胆表达，互相交流碰撞观点看法，初步明确作者探讨问题、行文思路、语言特点、说明方法等问题。同时明确说明文的阅读方法——认真踏实回文标画；克服对说明文的抵触情绪——文字陌生，表意严谨；思考作者各段之意，行文思路——段落即表意层次的延展过程。

表1　初识特征

	《说"木叶"》	《中国建筑的特征》
说明对象	什么是"木叶";树叶、木叶、落木的区分;木叶的特点	中国建筑特征;遵循的原则与运用;中外建筑的互通之处
说明顺序	发现问题—分析问题—解决问题	表象到本质,中国到西方
语言特点	准确严密;生动形象	准确严密;平易朴实
说明方法	举例子、引资料、作比较、分类别、做诠释	举例子、引资料、作比较、打比方、下定义

活动2:连连看——下列文学词语或诗句反映了何种建筑特征?

(1)雕栏玉砌应犹在,只是朱颜改　　　　　　　　整体布局

(2)大笔如椽　　　　　　　　　　　　　　　　　建筑结构

(3)登堂入室　　　　　　　　　　　　　　　　　重要构件

(4)栋梁之才　　　　　　　　　　　　　　　　　装饰风格

(5)剥蚀了古殿檐头浮夸的琉璃,淡褪了门壁上炫耀的朱红　　建筑色彩

此活动一方面从浅显的层面检验学生对传统建筑的基本认知;另一方面更希望以鲜明而熟知的诗词、成语等中华传统文化引领学生深入理解貌似枯燥的说明文。这一活动旨在潜移默化地影响学生,以此感知无论是中国建筑文化还是诗词文化,都是传统文化之分流,虽然它们相差万里,但又互相融合,共同存在于生活之中,融入中华民族的血液之中。

二、活学活用,迁移提升

任务2:尝试运用列图表的方式厘清《中国建筑的特征》《说"木叶"》的疑难问题。(列图表是常见的一种说明方法,以表格或图形的方式更清晰明了地传递信息)

活动1:如提供充足材料将中国建筑与古希腊建筑以列表格的方式做对比,可有哪些对比项目?

提供样表,请学生尝试填写对比项目(见表2)。

表2　中西建筑对比

对比项目 ＼ 建筑布局 ＼ 建筑类别	中国传统建筑	古希腊建筑

明确项目，如建筑结构、建筑构件、装饰风格、建筑色彩等。

同时可举一反三，针对相似对比项目，也可对比不同类型的建筑，就国内不同的建筑风格而言，如客家建筑、土家民居、徽派建筑等。

活动2：通过比对法，明确特点。

如果没有第56页插图，看了文中关于斗拱的解释，你理解什么是斗拱吗？与另外两幅关于斗拱的图片相比，有什么不同？（见图1）

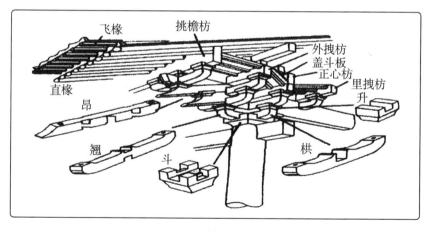

图1

由于文中插图模糊不清，文字相对拗口难解，因此学生较难理解，但与提供的图片相比照，则更清晰明白，同时分解图不但明确了各部分的名称，也显示了传统中国建筑的特殊技艺——榫卯工艺。纯手工制作，利用力学原理，足以显现传统手工艺者的非凡智慧。

由此明确列图表这一说明方法的鲜明特点：清晰明了，简单直接。同时也要思考梁思成先生是内行，为什么不用更明了的列图表方式让我们这些读者更清楚地了解建筑学的知识呢？因为本文选自其皇皇巨著《中国建筑史》，是专门写给专业人士看的，当然会使门外汉如坠云里雾中。所以，作为知识分子，我们可能更需要具备化繁为简、化难为易的能力，以使更多人了解文字传达的意义。

活动3：迁移活用，尝试利用列图表的方式表现"木叶"与"落叶"的区别。

如果说《中国建筑的特征》中以枯燥的术语干扰着一般读者的理解，那么《说"木叶"》则是以庞杂的引用干扰着普通人对文意的把握，请学生开动脑筋，尝试利用列图表的方式表现"木叶"与"落叶"的区别。这一活动可充分调动学生的参与热情，在表演及小组交流中会发现画图、列表等形式已基本被掌握，稍做点拨修正即可。

三、质疑探究，深入思辨

任务3：形式变换多样，内核实质不变。

活动1：归纳图片共性（见图2至图4），架构两篇文本内核之桥，引领思考内在规律。

图2

图3

图4

它们外形各异，色彩纷呈，却有一个共同的名字——斗拱，形式的变换是为了满足外在的审美需求，与工匠个人的情趣审美密切相关，但其内在工艺如利用榫卯工艺为达到承重的实用功能是不变的，梁思成先生称其为词汇与文法，这是典型的打比方。以此思之，无论诗歌语言如何变换，意象如何选用，其内核应该是不变的——语传情，诗言志。结论如下：

无论外形如何变换，建筑内核——实用技艺与审美结合。

无论语言如何变换，诗歌内核——言语技法与写志传情。

活动2：诗词选填，思辨理解文化内涵。

问题设置：请在下列词中选一个填在横线上，形成意境、情感统一和谐的诗句。

树叶　　木叶　　落叶　　碧叶　　碧树

昨夜西风凋　＿＿＿＿＿＿＿，独上高楼，望尽天涯路。

受《说"木叶"》一文的影响，相当一部分学生会想当然地选填"木叶"一词。"尽信书不如无书。"一旦思想落入窠臼，任何种类的文化创作都将陷入了无意趣的境地。呈示原词如下。

蝶恋花
晏　殊

槛菊愁烟兰泣露，罗幕轻寒，燕子双飞去。明月不谙离恨苦，斜光到晓穿朱户。

昨夜西风凋碧树，独上高楼，望尽天涯路。欲寄彩笺兼尺素，山长水阔知何处？

以我观物，物皆著我之色。在不同的情境之下，诗人所见、所感、所思也是不同的。这一句词里用"碧树"，一方面与秋季见闻相符；另一方面"碧树"因"西风"而"凋"，更显凄凉凄清凄苦，由此夜不能寐，失眠孤独，满腹相思的主人公形象也就呼之欲出了。同样地，我们也可在其他诗句中找到例证，如：

远山映疏木，空翠难强名。《过白岸亭诗》

遥爱云木秀。《蓝田山石门精舍》

阴阴夏木啭黄鹂。《积雨辋川庄作》

群木昼阴静。《夏景园庐》

在这些诗句之中，"木"皆为葱郁茂盛的树木，在生活中，我们称清华为水木清华，显然与作者观点大异其趣，由此引领学生讨论《说"木叶"》结论是否恰确，得出结论，诗歌选词用语并不仅仅在于字词本身的差别，挑选原则需兼具以下三点。

其一，穷形尽相，描摹精细。

其二，心灵图景，情感表达。

其三，气韵格局，空间架构。

活动3：遣词造句，语言建构。

呈现捡拾的叶片，穷形尽相，请学生们造新语、创新词：叶。

优秀创作：败叶、残叶、伤叶、老叶……

同一物，同一景，情感表达却可人人不同，如果心境凄凉，那就可以写句诗：残生如败叶。

如果你昂扬向上，那就可以写_____；如果你善于哲理思考，那就可以写_____。

优秀创作：败叶催新生；残叶不是无情物，化作春泥更护花。

提升语文的核心素养即在于利用好文体各异的每一篇文章，搭建不同文章之间的理解桥梁，统归于文化滋养之下。兴趣是最好的老师，以任务设置为载体，充分调动学生的能动性，足见学生思维之活跃，语言之丰富，个性之鲜明具体。

简言之，诗也好，建筑也罢，都是艺术的一种门类，相隔万里，却又近在咫尺，它们统摄于流淌在你我相似的文化血液——我们讲究审美的生活，追逐着各类艺术形式（包括建筑、诗歌、音乐等）的结构建筑之美、色彩之美、音韵之美、内涵之美。

基于真实任务情境的实用性交流与表达

——统编高中语文教材必修下册第三单元写作为例

浙江省仙居中学　张灵侠

美国未来学家约翰·奈斯比特认为，"在这个文字越来越密集的社会，我们比以往任何时候都需要读写技巧。"他所说的"读写技巧"指的是实用性文本，而非文学性文本。实用性阅读与交流指的是"当代社会生活中的实用性语文，包括实用性文本的独立阅读与理解，日常社会生活需要的口头与书面的表达交流"，"运用于实践"就是它的终极价值目标。在实用性阅读与交流教学中应"以社会情境中的学生探究性学习活动为主"，因此真实任务情境的创设就显得尤为重要。

何为"真实"？我以为，真实任务情境可以是生活真实，即现实生活真实的场景和任务；也可以是一种仿真，即虚拟的现实、创设的真实。但不管是哪一种"真实"，都应贴近学生生活实际，接近学生的"最近发展区"，符合学生情感需求，因为这样的"真实"有利于教师给学生搭建合适的学习支架，更有利于学生语文能力的提升。

一、贴近生活实际，激发学生兴趣

贴近学生生活实际的核心要素是学生的生活。因此情境的设置应与学生的日常相关联，或关涉学生将来在学习、工作、生活中可能遇到的问题。具体而言，可走进生活，开发和利用学生生活实际与学生关注的生活，与学生感兴趣的各类活动或话题结合起来。比如，利用学校运动会入场式进行活动设计方案教学：学生自主查找相关资料，了解活动设计方案的一般格式；小组合作完成方案设计，并派代表在班级进行方案解说（见表1）。

表1 运动会入场式设计方案

目标定位	花最少的钱，成为运动场上最亮丽的风景
活动主题	为梦启航
人员安排	（1）总负责人：子皓 （2）参与者：扬帆小组全体成员
方案阐述	用硬纸板构造一艘大船，届时，全班学生"乘"船入场
实施步骤	（1）请班主任帮忙准备一间空教室。 （2）全班学生发挥特长，共同制作大船。 （3）彩排两次
效果分析	"乘"船入场在我校历史上还没有先例；同时将通过解说词体现学校校训和班级精神——相信我们，必将引爆全场
经费预算	硬纸板，100元；装饰品，30元；涂料，30元；刷子，10元。 总计：170元

　　本次教学活动开发和利用了生活中真实的任务情境，教师主要起到引导、组织和搭建支架的作用。虽然成果并不是很成熟，但学生成了活动的真正主体，其学习兴趣被激发出来了。更重要的是，从查找资料、小组合作、设计方案到形成文案等一系列活动，将有助于学生思考和解决问题能力的提高以及合作意识和团队精神的增强。

二、接近"最近发展区"，挖掘学生潜能

　　我认为，接近"最近发展区"的关键是知晓学生的现有能力水平和存在的提升空间。接下来，我以网络新闻阅读与评论为例，谈谈我粗浅的尝试。

　　曾经引起广泛关注的一个网络图片新闻：一张与会人员倒拿着中文会议手册阅读的截图，旁边标注了图片出处为中央一套《朝闻天下》，评论区有众多网友跟帖。这是典型的网络新闻呈现模式——图片+少量背景介绍+网友评论。第二天，央视新闻官方微博发文澄清该事件，说明一些国际会议的会议手册采用中英文正反印刷装订的形式。

　　为了更好地了解学生的理性思维水平和判断能力，我让他们先看澄清前的

新闻，并让他们思考以下三个问题。

（1）你认为阅读网络新闻和纸质新闻关注点有没有不同？如果有，请说出具体的不同点。

（2）这则新闻可信吗？你是凭什么做出判断的？

（3）阅读后，你有什么结论或评价？是依据什么得出的？

通过这些问题的答案，可以发现学生有一定的网络新闻阅读经验，但缺少符合逻辑的判断力；结论得出也多停留在感性层面、直觉思维；评论不能深入问题的实质。总之，理性思维品质有较大提升空间。如何引导学生"运用脑髓，放出眼光，自己来拿"？如何提升其理性思维品质？我给学生看了后来的官方微博，也和他们一起读了一些类似的网络新闻，让学生体悟面对丰富多元的网络信息，需要全面观察，综合判断，理性分析。在此基础上，为学生创设以下情境：①你是众多网友中的一员，请在评论区发表你的看法；②假如你是校报的特约评论员，请针对此事发表一篇新闻短评。

学生习作（节选）：没有调查就没有发言权，这是我们对待社会事件最基本的态度，也是我们发表言论的基本底线。可现实生活中，总有一些人不做调查，妄加评论，更有甚者，躲在屏幕背后肆意嘲讽谩骂。与会人员看似倒拿，就被说成"装模作样"，显然没有调查。真相恰恰说明正是一些人的无知（姑且认为是没有恶意的无知吧），不了解国际会议的程序而上演的一出啼笑皆非的闹剧。

网络时代，人人都是自媒体，人人都可以自由发声。但无论是怎样的时代，流言止于智者，评论应后于真相。我希望，有一天，所有人都可以辨明真相，用客观理性的态度去发声。辨明真相，理性发声，这是社会人发声的基本准则；辨明真相，理性发声，这是一个言论自由的国度该有的基本规范。

新闻短评是很能考验学生思辨性和逻辑思维的一种实用性文本写作，文章的高下在很大程度上取决于学生的思想深度。新闻短评写作能力要得到长足的提高，并不是一朝一夕通过一两次情境任务就能解决的。但我想，了解学生现有的能力水平以及存在的不足，至少能做到有的放矢，为挖掘学生潜能，使其逐渐走向理性打下基础。

三、符合情感需求，解决学生问题

"不愤不启，不悱不发。"很多时候，任务情境设置还要基于学生的情感需求，即他们心中存在"待解决的问题"和"需完成的任务"。在新课改背景下，很多大学自主招生的申请材料中包含自荐信，有的大学面试中有自我介绍环节，自荐信和自我介绍具有不可替代的展示自我的作用，但高中教材中尚未涉及招生面试的相关板块。高三学生因为需要，他们特别想得到教师的帮助，甚至会主动求助教师，这就是我所说的学生的情感需求。

基于此，我曾组织学生开展自荐信类（包括自我介绍）文本写作活动。这时候，其实任务情境就是生活的真实，教师只需要给学生提供支架。我设计了两个基本任务：①提供例文，讨论各文稿的优劣，并对其进行修改；②开展自我分析，收集自己心仪大学的相关资源，并写一封自荐信。

因为有现实需求，所以学生在弄清楚自荐信格式和语言等方面的要求后，不仅全面分析自己的性格特点、兴趣爱好、特长、学习能力等基本情况，还广泛收集材料，了解心仪大学想要招收怎样的学生，分析自身特长与想要报考的学校专业有什么关联性、与其他考生相比是否具有优势、自己的什么优势最能吸引评审老师等。在此基础上进行总结并稍加引导，他们就能比较好地完成任务。

写给温医大的自荐信（片段）：

我渴望成为温州医科大学临床专业的一名学生，将来成为一名治病救人的医生。我最大的性格特点是沉稳专注、有恒心。考试时总能沉着应对，该拿的分绝对不丢；喜欢动手做实验，不管遇到多少困难，都会咬紧牙关坚持下去。我想这一特点也比较符合医学行业所必需的沉稳、坚韧的特质。

帮助学生解决燃眉之急，直接体现了实用性阅读与交流在生活中学语文、用语文的特点；学生在掌握自荐信的写作方法的同时，自我分析能力、书面表达能力和口语交际能力自然得以提高。

总之，实用性阅读与交流的核心是实用，为顺利完成该任务群的教学任务、实现教育目标，教师必须抓住机会，创设真实而非虚假的任务情境，让学生真正投入实践活动中去。

参考文献

［1］中华人民共和国教育部.普通高中语文课程标准（2017年版）［S］.
北京：人民教育出版社，2018.

［2］王宁，巢宗祺.普通高中语文课程标准（2017年版）解读［M］.北
京：高等教育出版社，2018.

［3］胡勤.高中语文学习任务群教学设计［M］.杭州：浙江教育出版社，2017.

第二辑

高中语文教学策略研究

风月无边难解愁

——基于新课标核心素养的《荷塘月色》教学设计

浙江省临海高级职业中学　程锦绣

　　《荷塘月色》是人教版高中语文必修上第七单元"自然情怀"专题中的一篇文章，该文是朱自清散文的代表作，其结构美、语言美、意境美历来为人们所称道。文章采用了内在和外在双层结构，一层表现作者赏荷的路径，另一层表现作者内心情感的变化，语言尤其感人：惟妙惟肖的叠词，形象生动的动词，再加上新颖别致的通感修辞，营造出淡雅出尘的艺术之境。读完全文，一幅清淡美丽的荷塘月色图就会浮现在眼前。学习此文，除了体悟语言艺术之美，学会鉴赏抒情散文，更能培养学生欣赏美、感悟美的艺术思维，进而走进中国传统文人的内心，初步领略一些文化传统。

　　新课标提出了四大核心素养，在我看来，其终极指向是人的发展，切入点是语言，核心是思维，远景目标是审美与文化。而散文鉴赏则需要反复品读，方能进入语言层面，进而进入思维、文化与审美层面。

　　基于教材与新课标两个方面的理解，我将教学目标定为以下层面。

　　（1）语言层面。品味典雅清丽、生动形象、富有韵味的语言，鉴赏多样的修辞方法。

　　（2）思维层面。厘清情感脉络、行文脉络，并在比较中加深对朱自清散文特点的理解。

　　（3）审美层面。对文本的结构美、语言美、意境美有自己的认识。

　　（4）文化层面。体会中国文人在现实与理想之间为超脱而做的努力，并从中得到自己人生的借鉴。

其中学习的重点是前两个层面，难点是后两个层面。

散文学习讲究诵中品，品中悟，即古人所云，"读书百遍，其义自见"。本着以教师为主导的原则，再结合本篇课文的实际特点，确定本节课的教法为：诵读法、点拨法、探究法、比较法、质疑法。

为了体现上述理念，体现思维的层进性，教学过程设计为以下四个环节。

第一环节：新课导入

预设内容：古往今来，许多文人骚客在自己人生不如意的时候，需要寻找一个精神的栖居地，过滤自己的尘杂思想，净化自己的灵魂，让自己的心灵得以安宁。大家能找到这方面的例子吗？

学生可能涉及以下方面，若未涉及的，教师适当补充：

陶渊明——南山

谢灵运——东山

王维——辋川

柳宗元——西山

杜牧——樊川/扬州

苏轼——东坡

李乐薇——空中楼阁

引入：朱自清在自己心灵不宁静的时候，想到的是那一方荷香月色。今天，就让我们走进他的《荷塘月色》。

第二环节：品读课文

步骤1：初读课文，整体把握。

思考：另一世界是怎样的世界？对照的世界是哪个世界？作者想到另一世界的原因是什么？除了现实世界到荷塘世界，作者还想到了什么世界？对于这三者的过渡，作者是用哪句话来实现的？

这些小问题的设计为的是学生整体把握课文，厘清课文的大致思路：作者心里颇不宁静，于是到荷塘世界寻找宁静，但荷塘世界过于清静，不符合作者爱热闹与爱冷静的性格，且很快被蝉声与蛙声打破，于是想到采莲世界中寻找心灵的寄托，作者从现实世界到荷塘世界再到理想的采莲世界，用两个"忽然想起"作为过渡。

步骤2：二读课文，欣赏图景。

学生默读荷塘月色图（第4～6段），思考问题：

（1）这三段是按怎样的顺序写的，分别写了哪些对象，用了哪些语言技巧？

（2）作者的情感是怎样的，他找到宁静了吗？

（3）为什么作者说"热闹是它们的，我什么也没有"？

这些问题的设计有三个目的：一是厘清写作思路，由月下荷塘到塘上月色再到荷塘四周。二是欣赏文本的语言美，从叠词到比喻、拟人、通感等修辞再到"泻""浮""洗""笼""画"等动词的灵活运用，欣赏朱自清先生高超的语言运用功夫。若学生难以理解这些动词，可用换词法加以比较辨别。三是由景入情，读出作者的情感，由不宁静到淡淡的宁静、淡淡的喜悦再到宁静被蝉声与蛙声打破。

小结：作者爱热闹，也爱冷静；爱群居，也爱独处，向往做一个自由的人，最近在"采莲世界"中找到了，那里热闹、风流、有趣，那种无忧无虑、自由自在、相亲相爱的氛围与作者的追求是一致的，但那是古代，现在无福消受了。不自然地又记起《西洲曲》的句子，由莲子（怜子）到水，让作者惦着江南了，就这样，作者走了一圈，又回到了现实，又回到了不宁静。

步骤3：三读课文，深入探究。

预设问题：

（1）第5段中"峭楞楞如鬼一般"，一些读者包括教材的编写者都觉得与荷塘世界安谧宁静的氛围不相符合，一些教材干脆砍掉了这一句，对此你怎么看？

设计这个问题，旨在培养学生的质疑批判思维。引导学生通过探究明白，一切景语皆情语，外在景观是作者主观情感的外化。这说明作者只是暂时得到了宁静，内心仍然是不宁静的，这与第3段"且受用这无边的荷香月色"中的"且"，即暂且是一致的，说明了自己的宁静是短暂的、有限的、不彻底的。

（2）看PPT钱理群与孙绍振教授的两则材料，归纳一下作者"不宁静"的原因，并说说你的意见。

说明：这里可适当补充朱自清当时的情况：不能坐下来做学问，梦见自己被清华大学解聘；两个孩子尚在扬州（扬州在传统文人眼里算江南，如杜牧的寄扬州韩绰判官）；朱自清与父亲的纠纷和纠葛。

意图：让学生明白，作者的不宁静向来有四种说法：国事说、伦理说、家庭说、事业说。

国事：过去三个月，与课文开头的"这几天（不是这几个月）"对不上，与父亲的关系相对缓和，再联系江南，最有可能的是远在扬州的孩子。

在这样的分析中，让学生不迷信名家，站在平等的角度与名家对话，并从材料的分析中，结合课文，提出自己的看法。

步骤4：小结。

通过板书，总结文章的内外结构，厘清作者的行踪与情感的变化。

第三环节：比较拓展

1. 设计问题

有人对朱自清的比喻推崇备至，有人却说朱自清先生的散文过于阴柔，比喻不出色，多与女人有关，对此你怎么看？

2. 教师出示PPT

出示钱锺书、李乐薇、余光中的比喻，然后与朱自清的比喻展开对比讨论。

（1）这一张文凭，仿佛有亚当、夏娃下身那片树叶的功劳，可以遮羞包丑；小小一方纸能把一个人的空疏、寡陋、愚笨都掩盖起来。自己没有文凭，好像精神上赤条条的，没有包裹。

赏析：运用了对比比喻，喻体新颖，尽量诙谐睿智。

（2）小屋在山的怀抱中，犹如在花蕊中一般。慢慢地花蕊绽开了一些，好像层山后退了一些。山是不动的，那是光线加强了，是早晨来到了山中。当花瓣微微收拢，那就是夜晚来临了。

赏析：这里既用了母子喻，又写出了小屋与山在光线变化中的动态美感。作者把山的光线加强看成花蕊在绽开，把山的光线变暗看成花瓣在收拢。新奇的意象，独特的比喻，犹如神来之笔。

（3）不然便是雷雨夜，白烟一般的纱帐里听羯鼓一通又一通，滔天的暴雨滂滂沛沛扑来，强劲的电琵琶忐忐忑忑忐忐忑忑，弹动屋瓦的惊悸腾腾欲掀起。不然便是斜斜的西北雨斜斜刷在窗玻璃上，鞭在墙上打在阔大的芭蕉叶上，一阵寒潮泻过，秋意便弥湿旧式的庭院了。

赏析： 这里运用了多个比喻：将暴雨打在屋瓦上的声音比作电琵琶，将密密斜斜的雨比作一副板刷，将击打在阔大芭蕉叶上的雨比作一条鞭子。但与朱自清不同的是，这里的比喻避开了常见的明喻，而用借喻、隐喻，再加上"滂滂沛沛""忐忐忑忑"等叠词的配合，"扑""弹""刷""鞭"等准确而灵活地运用，芭蕉秋雨诗意的营造，整个画面有声有色，有气势，有神韵，给人留下深刻的印象。

明确： 朱自清的散文确实单一，不新颖，不灵动。

再来分析余光中先生批评的"多与女人有关"。这里还涉及一则趣闻：对于"刚出浴的美人"的争议。以前的许多版本认为这个句子有"涉黄"之嫌，是过于直露的刻画，对于中学生来说，超出了他们的观念所能接受的范围。于是很多版本的编者毅然决然将这一句删去。

这个问题的讨论可开放些。教师可谈自己的理解：实际上，朱文的比喻以女性形象作为喻体，涉及中国的文化传统：美人不单是女子，更是理想的化身，如《赤壁赋》中提到的"望美人兮天一方"，表现了理想无法接近、无法实现的怅惘之情。这与朱自清表达的现实和理想的反差的感怀是一致的。任何语言还是为表情达意服务的，这一点无可厚非。

第四环节：总结内化

本节课从语言、思维、审美到文化，对《荷塘月色》做了解读，让大家对朱自清的散文有了一定认识。我们还从中学到一个道理，那就是在理想与现实之间总有太多的不如意，我们要善于调节自己，为自己找到心灵的栖居地，让自己的心灵得到超脱或宁静。

布置作业：

（1）背诵第4～6段。

（2）朱自清先生曾在浙江多次任教，台州中学还留下了荷塘月色与紫藤长廊来纪念他，请你走访校史室，了解相关情况，从两个景点中选一个，写一篇情景交融的散文。

目的：巩固深化，有利于内化迁移。

悲从中来，美从中来

——聚焦矛盾冲突，把握悲剧意蕴

浙江省德清县第一中学　张春梅

一、学习目标

（1）梳理悲剧《窦娥冤》的戏剧矛盾冲突，填写矛盾冲突关系的表格，探究矛盾冲突所体现的悲剧意蕴。

（2）深入阅读《窦娥冤》第三折，通过比较鉴赏窦娥内心矛盾冲突变化，进一步体会《窦娥冤》的悲剧意蕴，提升学生戏剧阅读与鉴赏能力。

（3）设置相关情境，开展表达与交流的语文活动，进一步把握《窦娥冤》的悲剧意蕴。

二、学习重点

梳理探究《窦娥冤》的矛盾冲突，体会作品主旨，把握戏剧的悲剧意蕴。

三、学习难点

《窦娥冤》的矛盾冲突中窦娥内心矛盾冲突的理解与把握。

四、教学过程

1. 导入

近代著名学者王国维对《窦娥冤》做出评价，说其"即列于世界大悲剧中，亦无愧色"。这个评价如此之高，在王国维心中，《窦娥冤》几乎可以代表我国古典戏曲中悲剧的最高成就了。今天我们就走进《窦娥冤》，阅读教材所选的《窦娥冤》第三折，一起来感受一下这出经典悲剧的意蕴。

2. 教学过程

活动1：梳理与探究——寻找窦娥命运的"转机"。

（课前研读剧本，下发课前阅读活动任务单。）

课前预习活动：请梳理《窦娥冤》全剧的剧情，梳理出与窦娥相关的矛盾冲突，完成下面的表格（见表1）。尝试帮助窦娥寻找命运的转机。

表1 矛盾冲突

冲突方	冲突过程	冲突结果

请学生说出自己的梳理结果，张驴儿和官府的冲突属于较为明显的对立冲突，虽是重点，却不是难点；学生未必一下子就领悟到窦娥与婆婆的冲突，需要适度引导，戏剧冲突不只是简单的敌对双方冲突，矛盾双方也不一定是"敌我"关系，而是一种矛盾关系。窦娥和婆婆的矛盾在于窦娥救与不救婆婆的矛盾选择，如果救婆婆，自己要承担罪名，清白与性命皆不保；如果不救婆婆，必被酷刑折磨致死（见表2）。

表2 矛盾冲突结果

冲突方	冲突过程	冲突结果
张驴儿	嫁与不嫁	对簿公堂
官府	招与不招	死不肯认
婆婆	救与不救	只得屈招

课堂探究活动：分析每组矛盾，尝试帮助窦娥寻找命运的转机，并讨论其是否具有现实的合理性。

（1）寻找转机处。

①蔡婆婆没有把张驴儿父子带回家。

②楚州太守清正廉洁，为窦娥主持公道。

③窦娥依从张驴儿或者不救婆婆。

……

（2）论证这些"转机"的现实性，从而推测其转机实现的概率大小。

①张驴儿父子是"流民"，也可以说是"流民"代表。元代统治将人分为四等，似张驴儿等人级别在汉人之上，却又无官、无地、无财、奸懒馋猾，在社会上为非作歹者比比皆是，所以，当他们发现似蔡婆婆等有些钱银又软弱可欺者，便势必会做此选择。

②楚州太守梼杌"我做官人胜别人，告状来的要金银"，唯利是图、贪赃枉法，实为贪官代表，是元代社会黑暗官场的代表，似窦天章等"清官"是寥若晨星。

③窦娥在和以上所有人的冲突中，如果没有做出如剧中的选择，命运也可出现转机，前提是她放弃贞节、孝道，而只要她不放弃这些人性中美好的东西，就势必和以上冲突不可调和。

（3）从刚才帮助窦娥寻找命运转机的结果角度探究一下窦娥悲剧的原因。

《窦娥冤》悲剧的性质："有爱"之人性与"人性恶"时代的社会冲突。

活动小结：我们梳理了与窦娥发生矛盾冲突的几组关系，也尝试帮助窦娥寻找命运转机，但是悲剧似乎已经注定。虽然我们可以有很多假设，如窦娥的父亲没有将窦娥卖给蔡婆婆，或者蔡婆婆没有遇上赛卢医、张驴儿父子，或者州官公正廉明，以上每一种可能都蕴藏着悲剧人物命运的转机，然而，在一个由男权主导的社会中，在元代当时的社会现实背景下，窦娥完全无法主宰自己的命运，悲剧产生的过程就是善与美的窦娥被黑暗和丑恶毁灭的过程。

悲剧形成的过程，就是鲁迅的那句名言：

悲剧是将人生有价值的东西毁灭给人看。

——鲁迅

提问：通过这样的毁灭，读者或者观众获得了什么审美感受呢？

结论：引发对善的怜悯、同情，引发对恶的憎恨。这就是悲剧的第一重意蕴。

活动2：阅读与鉴赏——发现窦娥内心的"矛盾"。

其实戏剧到以上（窦娥被冤，含恨而死）结束也可以独立完成一个悲剧，也是可以揭示恶欺善、官枉民的社会黑暗，赞美主人公自我牺牲的美好品质。但大家有没有觉得这种剧情还是具有"普遍性"的？这样的情节在以往的文学作品中似曾相识，所以仅此《窦娥冤》很难获得"列为世界大悲剧也无愧"的称赞，《窦娥冤》的高潮是我们教材节选的第三折，这一折中包含着更为激烈的矛盾冲突，你找到这里的矛盾冲突了吗？

课堂阅读活动：出示补充资料中的油葫芦和天下乐。

补充资料：

油葫芦：莫不是八字儿该载著一世忧？谁似我无尽头！须知道人心不似水长流。我从三岁母亲身亡后，到七岁与父分离久。嫁的个同住人，他可又拔著短筹；撇的俺婆妇每都把空房守，端的个有谁问，有谁瞅？

天下乐：莫不是前世里烧香不到头，今也波生招祸尤？劝今人早将来世修。我将这婆侍养，我将这服孝守，我言词须应口。

有感情品读两部分曲词和课文中的"端正好""滚绣球"两部分唱词。思考"天地"的含义，对比两部分内容，小组讨论完成如下填空表现窦娥对"天地"认知的变化过程。

天地的含义——掌管"清浊""生死"，是封建社会统治的象征。

（　　　）天→（　　　）天

提示：窦娥（信、顺）天→（怨、问、责、斥……）天

课堂鉴赏活动：根据以上窦娥对"天地"认识的转变的讨论，鉴赏窦娥内心的矛盾以及这种矛盾所蕴含的悲剧意蕴。

提示：此过程展现了窦娥从笃信"天"到怀疑"天"再到与"天"抗争的心理过程，窦娥从原来隐忍、驯顺中觉醒过来，意识到了自己的悲剧并不是自己所能够避免的，也不是自己造成的，而是这黑暗的社会造成的，这样的"改版"体现了窦娥对"天地"——整个黑暗社会的不公的抗争，而在这样的抗争

中，我们感受到了悲剧的审美价值、悲剧的意蕴。

对悲剧来说紧要的不仅是巨大的痛苦，而且是对待痛苦的方式。没有对灾难的反抗，也就没有悲剧。引起我们快感的不是灾难，而是反抗。

——朱光潜

提问：所谓"快感"指的是阅读感受，其实就是由作品意蕴带来的审美感受，我们从窦娥的内心矛盾冲突中感受到了什么？

结论：窦娥身上是有抗争行为与精神的，"抗争"是悲剧主人公身上最动人心魄处。如果没有抗争和反省，只有恶的肆无忌惮，人们就无从感知善的力量，也就无从产生敬畏和恐惧。

悲剧主人公不屈的精神、抗争的努力，让人产生了对善的敬畏及对抗黑暗的力量。这就是悲剧的第二重意蕴。

活动3：表达与交流——改变窦娥誓愿的"结局"。

戏剧终归是戏剧，一切情节的设置终究是剧作家为了主旨表达的需要。窦娥的命运悲剧终究没办法改变，关汉卿安排窦娥在临刑前发了三桩誓愿，这是全剧的高潮。

课堂演读活动：演读（分角色扮演性朗读）《窦娥冤》三桩誓愿部分。

课堂交流活动：经典悲剧《窦娥冤》结尾另有一种改编，就是演到窦娥"指天斥地"后被斩，到这里，全剧就结束了。四人小组交流，然后说说与原文窦娥发下誓愿并且誓愿全部实现对比，你更喜欢哪种结尾？

交流小结：其实不同的结尾体现的是不同的悲剧意蕴，改编以"彻底的悲"为结局，悲剧性更强，更能够引发人的思考，更接近现实；而原著是现实主义与浪漫主义的结合，也代表了东方戏剧惯有的一种结尾方式——一点"光明的尾巴"消解悲剧的浓度，从而满足读者的愿望。

提问：从两种不同结尾的对比交流中，你对《窦娥冤》的悲剧意蕴是否又有了更深刻的认识？

结论：原著实现窦娥的力量是什么——人民的意愿，作者运用浪漫主义的手法帮窦娥实现了愿望，一是给被冤枉的人以清白；二是给恶人以惩戒，让人们知道，纵然现实无途径对抗黑暗，但是正义必将战胜邪恶！这是人民的愿望！所以最后我们从三桩誓愿中看到的不是一个窦娥在对抗整个黑暗腐朽的制度，而是人民的意志在对抗代表腐朽黑暗的制度。正是因为这种"艺术审美"战胜了现实逻辑，所以我们看到窦娥发下"亢旱三年"的咒怨的时候，被激发的不是对窦娥的恨，而是觉得大快人心！这是《窦娥冤》的第三重悲剧意蕴——艺术审美战胜现实逻辑！

课堂表达活动：悲剧的意蕴在于感受，本节课的重点在于通过矛盾冲突把握悲剧意蕴，希望大家能够将自己的感受更加准确精练地表达出来，为此设置这样一个活动。

书面表达情境：学校一年一度的戏剧节将排演课本剧《窦娥冤》，戏剧社的同学们正在紧张地排演中，负责宣传的同学也设计了课本剧演出的海报（下发印有剧照的彩色空白文案）。请你为课本剧《窦娥冤》配一段（几句）宣传词，要求凸显悲剧主旨，语言精练。

表达评价交流：完成书面海报宣传词的同学依次交流自己的成果，然后生生互评。未完成的作为作业在课外完成。

课堂结语：并不是每一个悲惨的故事都是具有审美意义的悲剧，鲁迅说生活中的痛不是悲剧，痛定思痛才是悲剧。

悲剧的直接效果是哀伤怜悯，但最后的效果是净化，就是我们丢掉悲伤的情绪，反思反省，是怜悯，是同情，是恐惧，是敬畏，这才是悲剧的精神、悲剧的意蕴。

素朴与激烈：浓墨重彩的"这一个"

——《窦娥冤》唱词鉴赏

浙江省三门中学　李秀娥

学校的"经典课本剧"戏剧周活动正在火热进行中，我们班学生为了让大家更好地了解中国古代戏曲元杂剧，向《窦娥冤》发起了挑战。为了更好地塑造人物，表现主题，导演组开展了一次"元杂剧唱词研讨会"。

任务1：同一主题、不同样式的文本/唱词探讨

1. 不同体裁

PPT出示窦娥受刑的连环画：这页连环画对应我们课本的哪一支曲子呢？（《滚绣球》）

和连环画的文字部分相比，课本的曲词有什么特点？对称、押韵，内容更具体生动。

板书：韵律化，生动具体。

知识支架：唱，唱词，是按一定宫调（乐调）写成的韵文。在元杂剧中，每一折戏，唱同一宫调的一套曲子，其宫调和每套曲子的先后顺序都有惯例规定。演出时，一本四折都由正末或正旦独唱，分别称为"末本"或"旦本"。

2. 不同剧种

这一段曲词在不同的戏剧剧种中也不完全一样。事实上，中国几十个剧种都有《窦娥冤》，同一个剧种不同主演的《窦娥冤》也不一样。

京剧（程砚秋《六月雪》）

没来由遭刑宪受此磨难，看起来老天爷不辨愚贤。良善家为什么遭此天谴？作恶的为什么反增寿年？法场上一个个泪流满面，都道说我窦娥死得可怜！眼睁睁老严亲难得相间，霎时间大炮响尸首不全。

越剧（吕瑞英《窦娥冤》）

我把那天地生埋怨，怨天地不与人方便。说什么地有山河今古传，天有日月朝暮显。还有鬼神掌着生死权，为什么不把清浊两分辨？为善的受贫穷命更短，作恶的享富贵又寿延。天地也作得个怕硬欺软，叫窦娥有冤向谁言！地呀地，不分好歹何为地？天呀天，你错判愚贤枉做天！求大哥慢步向前，只因为浑身痛酸。

重点比较：

（1）看起来老天爷不辨愚贤。

我把那天地生埋怨，怨天地不与人方便。

怎不将天地也生埋怨？

（2）法场上一个个泪流满面，都道说我窦娥死得可怜！眼睁睁老严亲难得相间，霎时间大炮响尸首不全。

求大哥慢步向前，只因为浑身痛酸。

（3）天地也作得个怕硬欺软，叫窦娥有冤向谁言！

天地也作得个怕硬欺软，却原来也这般顺水推船！

小结：

京剧：增加了对父亲的思念和群众的反应，强调主人公的软弱可怜。

越剧：增加了"求"的细节，但"求"的原因削弱了窦娥的孝顺，增强了窦娥的软弱。用陈述语气诉冤屈，怨天地，但前面一句仅仅是怨老天不照顾自己，让自己有冤，削弱了主题价值。

元杂剧：用反问语气诉冤屈，怨天地，强烈的抱怨意味着强烈的反抗，结尾又有深深的绝望和无奈；用典故，一定的文化修养符合窦娥7岁以前跟读书人父亲一起生活受到的文化熏陶。情感更强烈，反抗更有力，更优美凝练，结尾有无声胜有声的效果。

板书：立体化，真情实境。

知识支架：

人习其方言，事肖其本色。境无旁溢，语无外假。

——臧晋叔《元曲选·序》

任务2：一曲牌、不同内容的曲词比较

1. 叨叨令：可怜我孤身只影无亲眷，则落的吞声忍气空嗟怨。早已是十年多不睹爹爹面。怕则怕前街里被我婆婆见。枉将他气杀也么哥，枉将他气杀也么哥。告哥哥，临危好与人行方便。

正宫叨叨令（无名氏）

黄尘万古长安路，折碑三尺邙山墓，西风一叶乌江渡，夕阳十里邯郸树。老了人也么哥，老了人也么哥，英雄尽是伤心处。

×平×仄平平去，×平×仄平平去。×平×仄平平去，×平×仄平平去。仄仄×也么哥，仄仄×也么哥，×平×仄平平去。

请将杂剧"叨叨令"改写得符合字数和基本格律。比较多出来的字有什么效果？

板书：口语化，通俗易懂。

2.【正宫】【端正好】碧云天，黄花地，西风紧，北雁南飞。晓来谁染霜林醉？总是离人泪。

【正宫】【端正好】没来由犯王法，不提防遭刑宪，叫声屈动地惊天。顷刻间游魂先赴森罗殿，怎不将天地也生埋怨。

小结：

《长亭送别》更优美典雅，含蓄柔婉，是知书达理的大家闺秀。

《窦娥冤》更通俗易懂，刚强有力，是苦难坚强、只在小时候受过教育的文化水平较低的下层妇女。

板书：个性化，符合身份；素朴的语言。

任务3：同一版本、不同唱词的比较

一部成功的戏剧最重要的标准之一就是曲词要个性化，符合人物的身份和性格，也就是"必须有与某种条件和情景相融合的生动而鲜明的人物"。

《窦娥冤》里有没有不符合窦娥身份性格的曲词？

1. 窦娥是一个什么身份、性格的人

身份：底层劳动妇女，年轻寡妇。读书人、汉人大官的女儿，3岁时母亲早死，7岁时被父亲卖掉的女儿。放高利贷婆婆的儿媳妇，寡妇人家的童养媳。

时代：元朝。

性格：从文中找。应该是听话、温顺、孝顺、贞洁、刚烈、善良等。

2. 有没有不符合窦娥身份的曲词

（1）三种埋怨。

顷刻间游魂先赴森罗殿，怎不将天地也生埋怨（冤屈）

可怜我孤身只影无亲眷，则落的吞声忍气空嗟怨（冤）。

婆婆也，再也不要啼啼哭哭，烦烦恼恼，怨（冤）气冲天。

窦娥告监斩大人，有一事肯依窦娥，便死而无怨（冤）。

这等三伏天道，你便有冲天的怨（冤）气，也召不得一片雪来，可不胡说！

若果有一腔怨（冤）气喷如火，定要感的六出冰花滚似绵……

窦娥的"怨"的具体对象是什么呢？

正宫·端正好：没来由犯王法，不提防遭刑宪，叫声屈动地惊天。顷刻间游魂先赴森罗殿，怎不将天地也生埋怨。

叨叨令：可怜我孤身只影无亲眷，则落的吞声忍气空嗟怨。早已是十年多不睹爹爹面。

鲍老儿：婆婆也，再也不要啼啼哭哭，烦烦恼恼，怨气冲天。

一煞：如今轮到你山阳县，这都是官吏每无心正法，使百姓有口难言。

（2）三桩誓愿。

怎么理解善良的窦娥诅咒楚州亢旱三年？

A. 证明清白而已，没有多想。三桩誓愿一桩比一桩范围大、程度深，但都是为了证明自己冤枉。

B. 复仇。当地百姓都袖手旁观，没有人站出来说公道话，于是窦娥复仇。

C. 针对官府。在古代，如果哪里有天灾发生，说明当官的有问题，严重的时候，连皇帝都要下"罪己诏"。所以，三年亢旱是窦娥向更上层官府诉说冤屈的一种方式。

窦娥的命运轨迹可以概括为"冤、怨、誓"三个字。

知识支架：从古文字的造字法本义看情感（见图1）。

图1 甲骨文"冤、怨、誓"

冤，甲骨文◇◇（冖，像网罩）+〓（兔）

冤，造字本义：动词，兔子被罩在网中，无力反抗。

怨，会意字。从心从令。心表示心情，令表示一个人向另一个人发布指令。怨字本义为整天被人指使、奴役而心有不满。

誓，金文〓+〓（屮，生）+〓（言，承诺）+〓（氏，即"氐"，抵），表示为了庄严的承诺以生命为代价，伸手触地，向天地发咒。

板书：抒情性，大胆直白，激烈的情感。

无论怎样，温顺的窦娥不再温顺下去，她勇敢地说出了别人都不敢说的话，不惜以自己的鲜血、一州百姓的性命为代价，向天地和官府讨还公道。尽管她的反抗并不彻底，但她勇敢地说出了自己对社会种种不公平的怀疑和否定，她给底层百姓尤其是给无数封建礼教束缚中的女性点亮了明灯，带来了希望！

窦娥的形象超越时代，永不褪色，这就是我国几十个戏剧种类、无数的大学高中学校年年反复排演元杂剧《窦娥冤》的原因。

课堂小结：

出示PPT：

一空依傍，自铸伟词，而其言曲尽人情，字字本色，故当为元人第一。

——王国维《宋元戏曲史》

曲有名家，有行家。名家者，出入乐府，文采烂然，在淹通闳博之士，皆优为之。行家者，随所装演，无不摹拟曲尽，宛若身当其处而几忘其事之乌有；能使人快者掀髯，愤者扼腕，悲者掩泣，羡者色飞，是惟优孟衣冠，然后可与于此。故称曲上乘，首曰当行。

——臧晋叔《元曲选·序》

像关汉卿这样的戏曲行家，他的戏曲曲词特点自然是"本色""当行"的。正因为他的"本色""当行"，才能用素朴的语言表达激烈的情感，让我们看到"愤者扼腕，悲者掩泣"的窦娥——浓墨重彩的"这一个"。

经过今天的曲词研讨会，大家对关汉卿的曲词语言有了更多的理解，能更好地帮助导演进行角色定位，做好课本剧演出工作。

从眼睛到心灵·读取媒介信息

——统编高中语文教材必修下册第四单元教学设计

浙江省景宁中学　杜雪腾

多种媒介构成的信息时代的语文生活已经融入了语文课程体系，在课堂教学中，设计"从眼睛到心灵·读取媒介信息"的主任务，通过"认识我的理想大学""语言文字在各种媒介中的作用""跨媒介阅读与交流"三个活动，以自主探究，构建自主、共生、开放的课堂，帮助学生实现从眼睛到心灵的飞跃，提高从跨媒介表达中读取信息的能力。

一、认识我的理想大学

1. 认识我的理想大学的途径

任务设计：认识我的理想大学。不少学生都明确了自己的理想大学，引导学生畅谈自己认识理想大学的途径。大致有通过他人介绍、实地考察、书籍、报刊、广播、电视、网络等多种途径。这就既包括静态的纸质文本，又有图片、声音、视频等电子媒介。这个任务旨在引导学生关注从多种媒介获取信息，提高利用媒介的能力。当下传统媒介纷纷与互联网等新媒介进行融合，这对我们就跨媒介阅读与交流提出了新的要求，引导学生从语文学习的角度去解读媒介信息。

2. 纯文本阅读与跨媒介阅读相比较

传统的纸质文本和跨媒介（文字、图片、图表、视频）阅读相比较。填写表格以加深对多种媒介及其语言特征的认识。

出示PPT："浙江师范大学"词条（见表1）。

浙江师范大学是一所以教师教育为特色的综合性省属重点大学，前身是杭州师范专科学校，1956年经教育部批准设立，1958年升格为杭州师范学院。1962年，杭州师范学院与浙江教育学院、浙江体育学院合并，仍名为浙江师范学院。1965年，浙江师范学院从杭州搬迁至金华，1985年更名为浙江师范大学。2000年、2001年、2004年，浙江财政学校、浙江幼儿师范学校和金华铁路司机学校相继并入。2015年，学校入选浙江省重点建设高校，现由金华（校本部）、杭州（文二校区、萧山校区）、兰溪3个校区19个学院（含独立学院）组成。

表1　词条比较

	《辞海》中的词条	百度百科词条
呈现的内容	（1）历史沿革。 （2）办学理念	（1）办学历史，特色专业。 （2）组织机构。 （3）招生情况。 （4）社会评价
选择的媒介	（1）文字。 （2）纸质媒介	文字、图片、图表、声音、视频等跨媒介形式
媒介的特点	（1）信息表现单一。 （2）容量有限制。 （3）时效性差。 （4）交互性差。 （5）可信度高	（1）信息载体多元。 （2）容量较大。 （3）时效性强。 （4）交互性强，可多次编辑。 （5）信息的权威性较低

通过以上活动，学生初步认识了纯文本表达与跨媒介信息表达的特点：跨媒介表达使信息传播载体多样化，大大提高了信息传播的速率。那么是不是跨

媒介表达一定优于纯文本表达呢？引导学生要辩证地看待二者，面对丰富多样的文本形式和内容以及多样的媒介信息及其浮光掠影，就容易产生碎片化的阅读。因此对跨媒介表达的解读特别是掌握语言文字在各种媒介中的运用规律就显得尤为重要了。那么，在各种媒介的信息传播中，语言文字又发挥着怎样的作用呢？

二、语言文字在各种媒介中的作用

1. 语言文字在图片媒介中的作用

图1　我要读书

你从图1左边这张图片看到了什么？

如果加上文字的描述，你看到了什么？（我要读书）

由此可见，文字在图片媒介中可以增强表意的准确性。

2. 语言文字在图表、视频中的作用

再看浙江师范大学的百度百科词条的图标：图标辅以这样的文字可以很简明地表达学校历史的沿革，又避免了冗长的描述（见图2）。

再以百度百科词条中微电影视频为例，进一步认识语言文字在视频媒介中的表达作用，可以有机融入发行者的议论和情感。

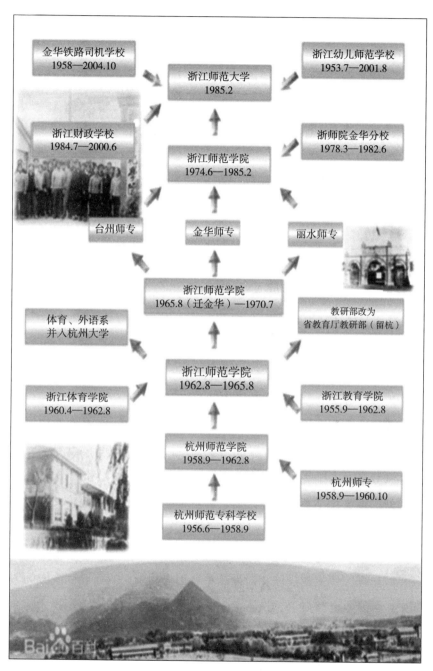

图2　浙江师范大学历史沿革图

3. 梳理语言文字在各种媒介中的作用

学生在以上学习的基础上，通过小组讨论、合作学习填写表2。

表2　媒介的特点与作用

媒介种类	媒介传递信息的特点	语言文字在不同媒介中的作用
图片	（1）直观性。 （2）更生动	（1）说明图片内容。 （2）深化了图片意蕴
图表	（1）内容表达"可视化"。 （2）有条理，便于对比	（1）避免了冗长的描述。 （2）准确直观概括信息
视频	以镜头的切换、剪辑表达内容	（1）描述场景。 （2）抒情议论

三、跨媒介阅读与交流

1. 从文字加镜头的视频广告中解读信息

学生活动：我们对跨媒介表达有了一定认识，比较雕牌牙膏广告文案和雕牌牙膏微电影广告视频，通过跨媒介的解读来学习语文。

（1）雕牌牙膏微电影广告表达了怎样的内容？

一开始，这个可爱的小女孩对新妈妈是非常排斥的，但是新妈妈用爱融化了小女孩心中的坚冰，从此，世界上又多了一个幸福的家庭。

（2）视频是通过哪些镜头来表达新妈妈对小女孩的关心和照顾的？

一系列的镜头：小女孩起床之后，牙膏都挤好了，新妈妈给女孩穿衣服，冒雨为女孩撑伞，盖被子，把新妈妈的照片放在小女孩桌上等。

（3）视频通过哪些镜头来表现产品的？

新妈妈出场，妈妈的皮肤相对黑一些；因排斥新妈妈而躲到洗漱间哭，小女孩起来，牙膏早已挤好。营造了美好的感情世界，巧妙地缩短了人与商品之间的距离。

设计意图：作者又是如何拼接镜头来表达主题和内容的？通过跨媒介阅读教学，学生得到了言语运用的训练，从而不断地丰富和扩展自己的言语经验，提升自己语言运用的能力。

2. 从纯镜头的视频表达中读取信息

微电影通过连续的镜头结合语言文字的跨媒介的方式，向观众表达了动人的情感，并表现了产品，体现了跨媒介表达的魅力。再观看《农夫山泉·冬季水源地》微电影，完成小组学习任务：结合微电影广告中极具艺术感的画面和镜头的角度，赏析微电影的制作创意。

问题引导：画面呈现了怎样的长白山？生活在长白山中的动物是怎样的状态？你注意到了哪些镜头？

（1）运用大量的全景镜头，拍出了洁白的冰雪覆盖的辽阔的山川，清澈的水流在山间脉动，长白山地区地理标志——耐严寒的白桦林向观众表达着自然界的纯净之感，将观众带入大自然的魅力之中。

（2）特写镜头：专心饮水的东北虎，水中嬉戏的鸳鸯，白桦林中穿行的麋鹿，灵活可爱的雪貂，自由飞翔的鸟。

设计意图：通过欣赏微电影广告中极具艺术感的画面、镜头的角度和摄像机的运动，培养学生运用画面接受、传递、表达信息的能力，提高学生对跨媒介表达的鉴赏能力，进而促进学生对语言文字的鉴赏与表达能力。

视频中的每一帧画面都给人以视听享受，又契合农夫山泉"什么样的水源，孕育什么样的生命"的宣传。有得天独厚的天然优质矿泉水，农夫山泉在这里开辟了第一个按国际标准建设的矿泉水源保护区，周围10平方千米无人居住。通过这些高档产品的推出来满足高端需求及高端定位，同时高端定价又促进高端品牌的推广和宣传。

四、总结

媒介的多样化丰富了阅读形式，使阅读行为可以随时随地产生，但看不等于看见，看见不等于看懂，看懂不等于看好，跨媒介语言包含着丰富的语义知识。只有把握文本、图片、声音、视频等不同媒介的传播特点，才能根据不同的阅读目标适应信息时代跨媒介阅读的要求，实现从眼睛到心灵的飞跃。

驳之有道，论之有方

——归谬法在论说文中的运用

浙江省三门中学　李秀娥

逻辑是思维的规律，其实生活中到处都有思维的规律。只不过，我们常常停留在欣赏其语言的幽默、犀利，却忽视了其内在逻辑。

任务1：切磋琢磨，做最佳辩手

故事1：

有一天，八仙中的铁拐李一瘸一拐地在街头叫卖着："卖药喽！卖药喽！我这葫芦里的药能治百病，保证痊愈。"有一位老大娘反问道："（1）＿＿＿＿＿＿＿＿＿＿＿＿＿＿＿＿＿＿＿？"

故事2：

病人："请把我安排在三等病房，我很穷。"

护士："没有人能帮助您吗？"

病人："没有，我只有一个姐姐，她是修女，也很穷。"

护士："修女富得很，因为她和上帝结婚。"

病人："（2）＿＿＿＿＿＿＿＿＿＿＿＿＿＿＿。"

故事3：

赫尔岑是俄国著名文学批评家。有一次他参加一个晚会，晚会上演奏的轻佻音乐使他非常厌烦，于是他不得不用手捂住耳朵。主人向他解释："演奏的是流行歌曲。"赫尔岑反问一句："流行的乐曲就是高尚的吗？"

主人听了，很是吃惊："不高尚的东西怎么能够流行呢？"赫尔岑笑着说："（3）＿＿＿＿＿＿＿＿＿＿＿＿＿＿＿＿＿＿。"

（1）请在三个故事的横线处分别补写出你认为最能让对方哑口无言的一句话。

（2）三个故事反驳对方言论时有什么共同点？

任务2：庖丁解牛，寻最佳途径

1. 确立共同点——归谬法的定义及基本步骤

共同点：三个故事都是先假定对方的论点是对的，再以它为前提，推导出一个明显荒谬的结论，从而证明对方的论点是错误的。这种方法叫作归谬法。归谬法是驳论文常用的方法。

定义：归谬法就是先假设对方的论点是正确的，再以之为前提进行合乎逻辑的引申，从而得出一个十分明显而荒谬的结论，驳倒对方的论点。

一个完整的归谬论证应有以下基本步骤。

（1）被驳观点A。

（2）假设A正确。

（3）那么B正确。

（4）但是B不正确。

（5）所以，A不正确。

2. 根据上述步骤，完成三个小故事的逻辑梳理（见表1）

表1　故事梳理

	故事1	故事2	故事3
（1）被驳观点A	我的药能治百病，保证痊愈	修女富得很，因为她和上帝结婚	不高尚的东西怎么能够流行呢
（2）假设A正确	假设"我的药能治百病，保证痊愈"正确	假设"修女和上帝结婚"正确	假设"只有高尚的东西才能流行"正确
（3）那么B正确	那么"我的药能治好我自己的腿"	那么"上帝是我的姐夫"	既然"感冒也是能流行的"，那么感冒也是高尚的

	故事1	故事2	故事3
（4）但是B不正确	但是"我的腿没有治好"	但是"上帝不是我的姐夫"	但是"流行感冒不高尚"
（5）所以，A不正确	所以，我的药不能治百病	所以，我姐姐不富有	所以，流行的不都是高尚的

在实际生活中，一般不会按照上述这样——列出，而是会做简化，直接将步骤（4）用反问语气说出来，从而达到更为强烈、更为幽默的反驳效果。

3. 根据归谬法的相关原理，判断以下归谬法使用是否正确

（1）有一家家里有人去世，居丧期间，偶然吃了一餐红米饭，有人对此发表议论："家里死了人是不能吃红米饭的，因为红色是喜色。"

这家主人反驳道："难道吃白米饭的就是家里死了人吗？"

（2）某城汽车站候车室内，有一个男青年把痰吐在洁白的墙壁上，车站管理员对他说："同志，你看到'不准随地吐痰'的标语了吗？"

"看到了，我吐在墙上，不是吐在地上。"

"如果依你这种说法，那么我有痰就可以吐到你的衣服上了，因为衣服上也不是地上。"

（3）一个人看中了广告中说的那种新颖美观的自行车，他专程找到登广告的这家商店，但挑选时发现实际出售的自行车上没有车灯，而广告中是有的。顾客指责店主骗人。

店主平静地解释道："哦，先生，这灯是额外的东西，没有计入车子的售价。广告里还有一位骑在车上的女郎呢，难道我们也要随车提供一位吗？"

（4）背景：20世纪80年代，有人喜欢整齐统一，主张把所有的地名、校名废掉，改成统一的阿拉伯数字排列。

据说，这种"废名论"的理论根据，第一是为了整齐，为了"统一"；第二是因为旧时代的名称都有封建性。那么，像福建、安徽这一类省名以及宛平、长治这一类县名也都应该废名排号了吧。我设想若干年后，人们的履历表将如下所示：

姓名：王十七。

籍贯：第五省、第三十八县，第二二六乡。

学历：第十一省第九十八中学毕业。

职业：第十五省第九市第三副食品商店第七门市部经理。

（1956年8月10日《人民日报》）

（5）辩题：大学生兼职利大于弊/弊大于利。

反方：大学生兼职会抢掉全职员工的饭碗。

正方：如果按照对方这个逻辑推断下去，那么我们大学四年毕业后最好不要找工作，因为这样就不会影响任何人的饭碗，这成立吗？

解析：（1）错。"家里死了人要吃白米饭"不代表"吃白米饭的就是家里死了人"，肯定后件到肯定前件是不对的。（2）对。（3）错。这位店主使用的类比归谬式犯有机械类比的错误，因为车灯可以成为车子的组成部分，而女郎却不可能。（4）对。（5）对。

小结：归谬法的三种形式（从推理的逻辑分类）。

类比式归谬是指在由被反驳的论点推出新的论点时，使用类比推演的方法，用显而易见的例子类比出之前论点的荒谬。（如流行感冒、随地吐痰、废名论）

条件式归谬是指在由被反驳的论点推出新的论点时，先假设论点是正确的，由此推出了一系列直线式层层递进的荒谬结论，从而证明之前论点的荒谬。（如上帝姐夫、大学生兼职）

以子之矛攻子之盾式归谬（不是所有学者都承认这种形式属于归谬法）（如药包治百病）。

任务3：举一反三，做驳论写手

1. 牛刀小试，句子仿写

浙江2017年语文高考题5：归谬法是指为反对错误观点，先假设这个观点是正确的，由此推论得出荒谬结论的论证方法。仿照下面的示例，另写一句话。

要求：符合归谬逻辑，句式基本一致，语言简洁明了。（3分）

例句：如果作品水平越高，知音越少，那么谁也不懂的东西就是世界上的绝作了。

---

2. 更进一竿，文段改写

（1）类比式归谬法改写。

材料：每天5点起床，晚上12点休息。32岁的谭超是烟台大学一个快递代理点的快递员。他还有一个身份——延边大学历史系的博士生，他白天送快递，晚上一头扎进文献堆，在厚厚的史料中探究古代东北亚历史问题。现在，他成为这个快递点的老板，被誉为国内学历最高的"博士快递哥"。

实现价值，"兼职"何妨？

——佚名

最近，延边大学某博士生从事快递工作引起热议。有人说，作为一个学生，而且是博士生，理应把用于工作的时间投入学术研究上。然而，实现价值从来不应忽视所谓"副业"，更何况，谭超也并没有因从事快递业而影响自己的学业，因此，实现人生价值又何妨像谭超一样"兼职"呢？

或许有人会说，谭超学的是历史专业，跟快递这一行业没有半点关系，还说什么实现人生价值，这不是在扯淡吗？

然而，滕子京吟诗作对跟他在朝为官毫无关系；埃尔温·薛定谔出书与他研究量子力学毫无关系；李小龙导演电影跟他练习武术也没有必然关系。但是，能说滕子京吟诗作对阻碍了他守巴陵郡时"政通人和""百废俱兴"吗？能说薛定谔写《生命是什么》一书影响了他在物理学史上流芳千古吗？能说李小龙导演《猛龙过江》影响了他在武术界雄踞榜首吗？显然不能。那么又怎么能因为谭超所从事的快递业与他所学的历史专业无关而断定他无法实现个人价值呢？

也许有人会说，谭超从事快递业，浪费了时间，也消耗了精力，甚至会影响身体健康，得不偿失，然而，这种说法太过片面。

就以牛顿为例，他晚年担任造币厂厂长，然而这并没有妨碍他在凌晨2点半回家后仅用2小时就解决了全欧洲仅有5个人做出来的最速降线问题。诚然，他主持的英国反对伪币计划消耗了他大量的时间与精力，但我们不能否认正是这种高强度的工作才使他拥有长达八十五年的寿命和长达五十年的研究生涯。我们又怎能断言谭超不会成为历史学上的牛顿？又怎能说他从事快递行业是在无谓地浪费时间呢？

更何况，个人价值的实现本来就并非单指一个方面。俞伯牙作为大夫政绩不高，可是有谁能否认他的《高山流水》是琴曲一绝呢？陈生放弃与自己专业对口的职业而改卖猪肉，可是谁又能说他的猪肉没有卖出北大的水平？要知道，个人价值不只是表现在自己的所学专业上。作家鲁迅本来是学医的，革命家孙中山原本也是学医的，语言学家周有光原本是学经济的，马云英语系毕业后是当老师的，但他们都在自己的原本专业之外创造了更大价值。所以，我们不应该批驳一个连自己专业都没有放弃的博士。

因此，实现自我价值又何妨像谭超那样"兼职"？

请将文中画线的部分用类比式归谬法改写。

如果说个人价值的实现只能表现在自己所学专业的话，_____

_____

_____

_____

如果说个人价值的实现只能表现在自己所学专业的话，那么我们是不是应该否认鲁迅弃医从文的做法，让世上少了《呐喊》与《彷徨》？我们是不是要阻止孙中山弃医革命，让中国丢掉三分民主与自由？我们是不是要反对周有光放弃经济学而研究汉语拼音，让汉字的全球化推广再延迟许久？如果不是的话，那我们又有什么理由来批驳一个连自己专业都没有放弃的博士呢？

（2）条件式归谬法补写。

让青春在劳动中绽放光彩
广东考生

亲爱的同学们：

大家好！今天我要演讲的主题是"让青春在劳动中绽放光彩"。

习近平总书记说过："劳动创造了中华民族，造就了中华民族的辉煌历史，也必将创造出中华民族的光明未来。'一勤天下无难事'。"古往今来，中华儿女在历经风雨、饱经沧桑中，以勤劳创造了一个又一个的奇迹，铸就了民族灿烂与辉煌。古时，素朴、勤劳的先民为抵御外敌、保卫家园齐心协力地建造出了长城，让后人为之佩服与惊叹，称之为"世界奇迹"；中华人民共和国成立初期，像王进喜一类勇敢的工人们勤勉奋斗为百废待兴的祖国添砖加瓦，为祖国走向现代化奠定了坚实的基础；新时代，京沪"复兴号"高铁、长沙"小天城"摩天大楼等的出现，正是勤劳的中国人以自己的实力，向世界展示着与众不同的中国速度。同学们，热爱劳动，让我们用勤劳书写光明未来，让青春在劳动中绽放光彩。

　　"民生在勤，勤则不匮"是先人的谆谆教诲。但在今天，科学技术日新月异，随着人工智能走进人们的生活中，我们不知不觉越来越依赖人工智能，认为既然人工智能可以做，为什么还要自己动手？如果我们全部依靠人工智能，

_____

_____

　　同学们，让我们热爱劳动，在劳动中实现自己的价值，在劳动中历练成就我们绚丽的人生。

　　今天，在这里我想向每一位复兴学子提出倡议："热爱劳动，从我做起。"希望我们都能以劳动为荣，从小事做起，拒绝懒惰，热爱劳动。作为新时代的青年，我们要身体力行，躬身于劳动，参加各种劳动活动，在家里做力所能及之事；我们更要尊重劳动者以及他们的劳动成果，在校园里看见保洁阿姨打扫卫生时，问声好，说句"您辛苦了"，并且自觉保洁校园，尊重保洁员们辛勤的劳动果实。

　　同学们，让我们行动起来，投身到劳动中，尊重劳动和劳动者，让我们的青春理想在劳动中发光发热，创造别样人生。

　　我的演讲到此结束，谢谢大家！

　　请用条件式归谬法补写上述段落。

　　诚然，人工智能的发展可以使人们摆脱繁杂的家务劳动。可是，当我们全

部依靠人工智能时，也就失去了劳动过程中的快乐。久而久之，人便会越来越懒惰，甚至丧失思考的能力，后果将不堪设想。不少学生以学业忙为借口，由父母包办一切，有的读到研究生，却连洗衣服的能力也不具备。这样拥有高学历但没有劳动能力的人，怎么能算是人才呢？

结束语

归谬法既是数学中最常用的一种证明定理的方法，是逻辑推理的精华，也是我们语文中不可或缺的一种论证手法，更是增添生活乐趣、反驳荒谬言论的有效工具。希望今天这节课能让大家了解归谬法的基本原理，做生活的最佳辩手、作文的驳论能手。

田园牧歌，柔情似水

——散文化小说《边城》细读

浙江省丽水学院附属高级中学　潘增妹

一、教学目标

（1）体味沈从文小说中的人物美、人情美和湘西特有的风俗美，体会沈从文小说散文化的特点。

（2）尝试探究小说创作的初衷和意义。

重点是小说中表现的人物美、人情美和湘西特有的风俗美；难点是探究作者的创作意图。

沈从文先生笔下的边城古镇，它的名字叫作茶峒，当地政府要宣传旅游，扩大古镇影响力，请你根据课文《边城》，为其制作一个海报设计方案。（主图+文案）

任务1：为了完成这个设计，我们需完成以下任务。

设计小组决定用课文中描写的场景作为海报的主图，同桌合作，根据文本内容，选定其中一个场景，完成表1。（预习阶段完成，课堂展示）

表1　寻找场景

文本内容（第几页哪一段）	场景描述	用一句话概括场景

本环节指向文本内容的梳理，初步感知全文。

任务2：比较文本语言和主图概括的语言，文本语言有何特点？

此环节指向对文本语言的品味，通过活动，对比《边城》的语言和自己的语言有什么不同，从而让学生体会《边城》语言的特殊性：用散文化的语言去写小说，文中简朴清秀的诗化语言让人产生了这不是一部小说，而是一曲田园牧歌的错觉，一如温暖的阳光拥抱着沈从文深爱的这片热土以及每一个在文字另一端细细品读的读者。

语言特点：

（1）恬静淡雅的湘西语言风格。

地道纯粹的湘西方言，文白杂糅的用词特色，生动自然的修辞审美。《边城》的语言之美还在于作品中使用了大量修辞手法，比喻是《边城》中使用最为频繁的一种修辞方法，形容翠翠诸如"一对眸子清明如水晶""人又那么乖，和山头黄麂一样"。将人比作自然界中的动物是《边城》中比喻修辞的一大特色，使沈从文能够将湘西山水与湘西人物有机统一起来。

（2）人景相宜，娓娓道来。

《边城》开篇第一章就写道："官路将近湘西边境，到了一个地方名叫'茶峒'的小山城时，有一小溪，溪边有座白色小塔，塔下住了一户单独的人家。这人家只一个老人，一个女孩子，一只黄狗。"在这段描写中，沈从文并没有对茶峒的山水风景之美做出过多描述，就仅仅是顺着视线望去，一溪、一塔、一人家，人与景尽在寥寥几语之中，却又让人感受到一种天然的和谐。不过分渲染，只娓娓道来，这正是《边城》诗化语言艺术的一大特色。在《边城》中，这种人景相宜的描写还有很多，诸如在描写小山城茶峒时："茶峒地方凭水依山筑城，近山的一面，城墙俨然如一条长蛇，缘山爬去。临水一面则在城外河边留出余地设码头，湾泊小小篷船。船下行时运桐油、青盐、染色的五倍子。上行则运棉花、棉纱，以及布匹、杂货同海味。"山水与人烟紧紧系在一起，文白杂糅的古典语言风格加上鲜明的湘西地方口语化的词汇，让人深切地感受到了湘西茶峒的生机与活力。沈从文将所有湘西的美好都融入文字中，包括茶峒的山水之美和人心之美。

（3）情感丰富，蕴含人性。

字里行间中散发着沈从文对湘西人、湘西景浓浓的热爱。相较于世俗的爱情来说，翠翠的爱情和她的人一样纯洁、澄澈，从不沾染世俗的尘埃。从翠翠爱情的成长轨迹来看，傩送与天保在面对爱情时的公平竞争、天保在明知不可为的情况下放下、傩送在面对碾坊和渡船抉择时的被迫出走、翠翠面对爱情的执着坚守，这些在茶峒盛开的爱情之花显示出了湘西人纯洁的爱情观。

（4）田园情调，诗意风格。

纵观《边城》，大量的景色描写让小说极富田园情调。"月光如银子，无处不可照及，山上篁竹在月光下皆成为黑色。身边草丛中虫声繁密如落雨。间或不知道从什么地方，忽然会有一只草莺'落落落落'啭着它的喉咙，不久之间，这小鸟儿又好像明白这是半夜，仍然闭着那小小眼儿安睡了。"古典的文言词汇为白话文的景物描写增添了一抹浓郁的诗意色彩，视觉、听觉，茶峒之所以能够引人入胜，正是借助这种多感官的景物描写，看似如梦如幻，却亦触碰可及，在动静结合之间，一幅美丽的湘西画卷跃然纸上。无论是借助翠翠这个主人公去刻画湘西人纯净的人性，还是借助美轮美奂的景物描写去勾勒湘西如仙境般的自然线条，人美、心美、山美、水美，沈从文笔下的湘西浸染着浓郁的诗意，一如他一往情深地对这片土地的眷恋。

（5）细腻的心理描写。

利用臆想进行描写，沈从文先生通过翠翠臆想爷爷死了，描写了一个年轻的小女孩在害怕失去唯一依靠时的彷徨与无助，也突出了翠翠的不安全感以及对爷爷的依赖。利用梦境进行描写，虽然翠翠在现实生活中不懂得表达自己对傩送的情感，但在梦里，她清晰地表明了自己对傩送的喜欢。沈从文先生通过描写翠翠的梦中听歌、摘虎耳草的情节，暗示翠翠已经到了情窦初开的年龄，并且已经对爱情有了懵懂的认识。利用景物表现心理，"落日向上游翠翠家中那一方落去，黄昏把河面装饰了一层银色薄雾"这一场景利用了抓鸭子比赛最后的尾声凸显了热闹过后的冷清，营造出翠翠在等爷爷接她时，内心的不安与孤单之感。不仅如此，沈从文先生又描绘了"黄昏照样的温柔，美丽，平静。但一个人若体念到这个当前一切时，也就照样的在这黄昏中会有点儿薄薄的凄凉"这样一个景象，这时的景象是优美宁静又充满诗情画意的，但正是这样的景色更加凸显了翠翠的孤独。在等待爷爷接她时，她只能独自与黄狗为伴，无人倾诉自己内心的恐惧，在家等候忙碌的爷爷回家时，即使风景如画，她也无处倾诉自己内心的想法。

任务3：为了体现《边城》的特点，突出其文化功能，请用简短的语言（可用原文）为海报配文，达到宣传的效果，并说明理由。

示例：风声水声歌声谈话声哽咽声声声惊残梦，乡情民情爱情手足情骨肉情情情乱痴心。

《边城》柔情似水，作者用最出神的笔墨淡然写出一份柔情，对现实进行过滤或裁剪，根据心的幻想去营造一个世界。也许这美好的柔情只能存在于古老的湘西，那偏远的边地。但这美好的柔情应该深埋在每个人心中的一个角落。

这一环节让学生在诵读中探究教学目标的重点，学生最好是用自己的语言去给海报配文，让人们一看就有想去旅游的冲动。让学生说一说理由，为什么选这一句，学生自然会联系到小说的人物与主题，指向的是对人物和主题的理解，主要是品味小说节选部分的风俗美、人物美和人情美。

《边城》寄托着沈从文"美"与"爱"的美学理想，是他的作品中最能表现人性美的一部小说。《边城》极力讴歌的传统文化中保留至今的美德是相对于现代社会传统美德受到破坏，到处充溢着物欲金钱主义的浅薄、庸俗和腐化堕落的现实而言的。

《边城》描写的湘西，自然风光秀丽、民风淳朴，人们不讲等级，不谈功利，人与人之间真诚相待，相互友爱。

爷爷对孙女的爱、翠翠对傩送纯真的爱、天保兄弟对翠翠真挚的爱以及兄弟间诚挚的手足之爱，这些都代表着未受污染的农业文明的传统美德。作者之所以极力状写湘西自然之明净，也是为了状写湘西人的心灵之明净。

《边城》写以歌求婚、兄弟让婚、爷爷和翠翠相依之情，这些湘西人生命的形态和人生的方式都隐含着对现实生活中古老的美德、价值观失落的痛心以及对现代文明物欲泛滥的批判。作者推崇湘西人的人生方式，也想以此重建民族的品德和人格。

任务4：作业布置寻觅《边城》的故事。

大多数人去湘西都是在看过沈从文的《边城》后，直奔着他笔下的那个伶俐乖巧、长在风里、养在水边的"翠翠"而去的，除了看翠翠岛之外，如果叫你挖掘第二个旅游景点，你觉得还可以用什么样的《边城》人文景观去吸引游客？

这一环节是对湘西旅游的挖掘，指向次要人物和主要民俗风情，文中除了翠翠外，还有其他人物值得读者去品读，此环节指向赏析文中的次要人物和淳朴民风。

（社会安定/人物朴实/风俗淳厚——傩送、祖父、顺顺、民风淳朴——送鸭子、争渡钱、军民同乐、人情敦厚、端午节，老师视情况补充）

设计意图： 此活动设计旨在让学生关注次要人物，感受湘西的人物美、人情美、风俗美。在我们的面前，湘西世界如同一幅巨大的画卷在缓缓展开，在这里，我们看到了清新淡雅的自然环境、和平祥和的社会环境以及勤劳善良的茶峒人民淳朴和谐的人际关系。

二、课堂总结

正是因为有着如水一样的澄澈性格，才能描绘出这样澄澈的生活画面，才会有这样唯美的湘西世界。一部《边城》成就了一座凤凰古城，也让沈从文先生千古留名。你看，或者不看它，《边城》就在那里，她在等待，等待下一个如水一样澄澈的心灵慢慢走进她，发掘她身上蕴含的美。

导而弗牵，研究探讨

——《孔雀东南飞》的课例介绍与感想

浙江省台州中学　洪方煜

　　《孔雀东南飞》是中国文学史上的"乐府双璧"之一，多年来，一直为高中教材的保留篇目，现在又被编入了新教材。按照编者的意图，我们通常按"遣归—逼嫁—殉情"的顺序来教学，重点分析封建礼教对青年男女幸福爱情的摧残。本着用新课程理念改革课堂教学的想法，我尝试着打破这一常规，灵活运用各种手段和方法，创设课堂情境，提高学生的创新意识和综合素质，最后取得了良好的效果。

一、《孔雀东南飞》的教学过程

　　在实施教学中，我安排了新课导入、研究探讨、开拓延伸、结尾收束、作业交流五个环节，下面试做简要介绍。

1. 新课导入

课前，我先播放越剧《孔雀东南飞·惜别离》，并在幻灯上打出歌词。

刘：惜别离，惜别离，

　　无限情丝弦中寄。

　　弦声淙淙似流水，

　　怨郎此去无归期。

焦：惜别离，惜别离，

　　无限情丝弦中寄。

弦声习习似流水，

　　仲卿难舍我爱妻。

合：惜别离，惜别离，

　　无限情丝弦中寄。

　　弦声切切似细语，

　　新婚怎忍长别离。

　　好夫妻，常相聚，

　　一对孔雀永双栖。

接着，我设计了一段简洁的导语：刚才播放的是越剧《孔雀东南飞》中焦仲卿与刘兰芝被迫分开时的唱词，曲调缠绵悱恻，撼人心肝，令我们也为之伤感。那么，这对恩爱的夫妻缘何分手呢？

不出我所料，学生很快进入音乐中描绘的焦刘依依惜别的情景。良好的开端是成功的一半，接下来的时间里，在越剧所营造的氛围中，学生的情感越来越投入，理解也越来越深刻，师生不时碰撞出智慧的火花，为这堂课走向成功奠定了扎实的基础。

2. 研究探讨

在实施这一环节之前，我向预习过课文的学生了解，不少学生对刘兰芝为何被休与两家合葬有疑问，基于这一事实，我在这节课的前半部分着重设计了两个任务让学生分组讨论。一是焦母出于何种心理要休掉兰芝？3分钟过后，各小组汇报讨论结果，答案五花八门，归纳起来，主要有如下说法：①无子说；②更年期说；③恋子说（焦母与仲卿相依为命，兰芝的到来，使焦氏母子的感情依恋大不如前）；④妒忌说（兰芝太优秀了，做婆婆的与之相比，大为逊色）；⑤讨厌说（兰芝是焦父在世时做主娶进门的，焦母一直不喜欢）；⑥煎熬说（有道是"堂上交椅轮流坐，十年媳妇熬成婆"，但兰芝却不服焦母"管教"）；⑦隔阂说（焦母在家很孤单，而兰芝不理解，只知劳作，婆媳间缺少沟通）；⑧无行说（在焦母眼里，女子无才便是德）；⑨第三者说（县令与太守公子均看上了兰芝，故对焦母施加压力）；⑩另娶说（焦母喜欢东家贤女罗敷，并与之达成某种默契，故需休掉兰芝）；⑪能干说（焦母担心儿子过于软弱，家里的大权会落到能干的兰芝手里）；⑫门第说（焦母为仲卿前程计，想休掉无背景的兰芝，娶个门第高的小姐）；⑬美色说（焦母担心儿子沉溺于兰芝的美貌，胸无大志，耽误了仕途）。

二是两家合葬有无现实可能？问题抛出不过12分钟，各组代表就纷纷举手各抒己见。认为没有可能者陈述了如下理由：从焦家角度来说，首先，焦母对兰芝一直持排斥态度，而且在她心里，儿子的死是兰芝造成的；其次，焦家已经把兰芝赶出了大门，他们能容许焦家的弃妇葬在焦家的坟墓里吗？从刘家角度来说，刘母对焦家无理休掉女儿能原谅吗？兰芝自杀，使刘兄攀附权贵的美梦成空，刘兄能释怀吗？从太守角度来说，他能让一个与他家儿子有名分的人葬到别家的坟墓里吗？

赞同可能者则认为：从焦家角度来说，焦母所做的一切，从主观上来讲，都是为了儿子，现在儿子死了，她唯一能做的就是满足儿子生前与兰芝"黄泉共为友"的愿望；而且两人死后，焦母也一定非常后悔，她应该有求合葬的想法和行动；再者，让他们合葬，她儿子在泉下也不孤单，不会成为孤魂野鬼（那时候有这想法的非常普遍，现在许多地方还保留着为没见过面的早夭青年男女合葬的习惯），更何况，小姑与兰芝感情较好，她也会劝焦母让两人合葬的。从刘家角度来说，他们对兰芝的死多少有一点责任，他们心里肯定也在后悔，也会赞同合葬。至于太守，他应考虑到三点：第一，对于兰芝之死，自家也有无法推卸的干系；第二，他不会让一个未过门的女人葬到他家的坟里而坏了儿子娶妻的名声；第三，百姓的舆论会普遍倾向焦刘合葬。

学生讨论的气氛非常热烈，虽然有些看法不是很成熟，但能让他们每个人都动起来，勇于发表自己的看法，我认为，研究探讨的目的就达到了。

3. 开拓延伸

为了让学生的思维跳出狭隘的课文圈子，我又设计了两个任务从纵、横两个方面拓展学生的思维。

其一，假如刘兰芝不沿着课文叙述的路子，还有哪些路可走？

对于这个问题，尽管我有所准备，但学生答案之异彩纷呈，仍出人意料：有认为另嫁的；有认为私奔的；有认为通过"一吵二闹三上吊"逼焦母收回成命的；有持分家说的；有持说服说的；有持单身说的；有个学生的看法更离奇，他认为问题的症结所在是焦母长年寡居，心里过于孤独，所以主张给她找个老伴。通过探究，学生对兰芝个性的认识更透彻了。

其二，和焦刘爱情悲剧极为相似的陆（游）唐（琬）却没有走上自杀殉情的道路，这是为什么呢？

关于陆唐悲剧，了解其经过的学生不多，但我做了简要介绍后，学生的讨论也非常深入，不少学生知人论世，联系史实谈了自己的看法。其中一位学生的观点较为大家所认同：陆游除了有柔情似水的儿女之情外，更有肝肠似火的爱国热情，换言之，陆游的生命里有两大精神支柱，而焦仲卿除了对刘兰芝的爱较执着外，剩下的只有自卑空虚的灵魂，从某种意义上讲，刘兰芝是焦仲卿唯一的精神寄托，不同的抱负、不同的胸襟使他们演绎出完全不同的人生。

从这两个问题的讨论来看，学生的思维完全被激活了，真正实现了拓展延伸。

4. 结尾收束

为了强化《孔雀东南飞》中焦刘悲剧的震撼力，也使这一节课留给学生更深刻的印象，我在临结束时播放了一曲越剧《钗头凤》：

红酥手，黄藤酒，满城春色宫墙柳。东风恶，欢情薄，一杯愁绪，几年离索。错！错！错！

春如旧，人空瘦，泪痕红浥鲛绡透。桃花落，闲池阁，山盟虽在，锦书难托。莫！莫！莫！

这首荡气回肠、感人肺腑的歌曲顿时弥漫了整个教室，作者对"东风"控诉的"错错错"声里满含激愤，深深地震撼了学生的心灵。下课铃响多时，学生仍沉浸在这千古悲音中，久久难以释怀。

5. 作业交流

教学完这篇文章，我留给学生一份作业，让他们选取文中最感兴趣或最有心得的一点，写一篇研究性小论文。在交流作业时，学生们互相展示了一篇篇闪烁思维火花的文章，有学生写了刘兰芝三次无奈的选择，选择中，刘的形象光芒四射，而折射出焦仲卿的卑微、焦母的蛮横、中国传统女性的抗争与悲哀；有学生从历史的角度探讨焦仲卿软弱猥琐性格的成因，认为当时天下大乱，士林阶层的精神世界普遍有一种无所作为、深感前程渺茫的迷惘，焦仲卿的悲剧不是性格悲剧，而是社会悲剧；有几位学生对焦刘两人是否单为殉情自杀提出了质疑；最难得的是一位学生翻阅了大量资料，写了一篇长达3000多字的论文，从各个侧面观照和分析了焦刘悲剧与陆唐悲剧的异同，颇具学术价值。学生的这些情况表明，他们的钻研是深刻的，这一节课对他们的影响也是巨大的。

二、教学《孔雀东南飞》的几点感想

1. 关于教师导的问题

"以教师为主导，学生为主体"的口号喊了多年，但真正做起来并非易事。我听过无数节观摩课、优质课、研究课，这些课堂表面上一片热闹，讨论声不绝于耳，实际上教师仍不自觉地陷入了"将学生的思维纳入自己的思维"的魔圈，其实质是"一言堂"，教师一人包打天下。为此，我常常反思：如何才能在教学中既发挥教师的主导作用，又不大包大揽，剥夺学生的思考？经过实践，我认为，教师不妨深入钻研教材，了解学生，设计出几个值得探讨的问题（驱动学生探究的任务），放手让学生讨论（研究），教师只在关键处做适当引导，以免讨论偏离话题，这样既加深了对学生的理解，又发掘了学生的思维能力，增强了学生的批判意识，何乐而不为呢？

2. 关于学生主体作用的问题

我认为，要真正让学生发挥主体作用，教师应创造一个宽松和谐的环境，利用各种手段激发学生，使他们在良好的氛围中互启互发、互相切磋，必要时，教师也可参加进去，从而最大限度地发掘学生的潜能，形成各方面的能力。这节课，我借用电教媒介，播放音乐，创设情境，学生完全与课文融为一体，与课堂融为一体，学生发言就达70多人次，真正发挥了课堂中学生的主体作用。

3. 关于探究性学习

探究性学习之于语文是提出已近20年，现已成燎原之势。我以为，探究学习具有以下四大特性。

（1）开放性。

首先是时间上的开放。本课从东汉的焦刘悲剧到南宋的陆唐悲剧再到现代的爱情观，都体现了时间上的大跨度。其次是空间上的开放。由焦刘的悲剧联系到当时的社会，这种思维的拓展对于学生把握课文有很大帮助。再次是内容上的开放。学生不必受课文预习提示的限制，他们可以在课堂上谈司马相如与卓文君，谈陆游和唐琬及他们的诗词，谈汉宋婚姻对女子改嫁的态度以及由此生发开去的许多话题。最后是形式上的开放。教师改变以往一支粉笔、一本教参站在讲台上大谈特谈的做法，而是走下讲台，融入学生，还可借助现代技术以创设和谐的课堂气氛。

（2）群体性。

研究学习使全体学生参与进来，打破了传统教学教师提问只针对一部分学生的局限。

（3）合作性。

学生之间的互相合作、互相启发、互补长短弥补了个体学习的不足。

（4）交互性。

学习的过程不是传递的、一次性的过程，而是互相影响、反复作用的结果。师生之间、学生与学生之间的反馈和交流实际上是对课堂教学的完善与补充。

转换思维，变废为宝

—— 习题勘误教学资源的集成与利用

浙江省台州市第一中学　李　戈

作为语文阅读教学的重要一环的习题演练是学生将自己对课文学习所得的理论知识应用于实践的重要途径。通过对答题情况的跟踪，师生可以有效地查漏补缺。

不过，习题答案的命制偶尔也会存在"含混不清""以讹传讹"等遗憾。面对这样的情况，教师需要做的不是把正解和答案简单地告诉学生，而应该是引导学生在求解的过程中发现问题、解决问题，从文字习得跃迁至文化传承，由文章阅读过渡到文学情思，在思辨的过程中获得情感审美体验，进而提升自主学习能力。

一、从文字到文化：知识体系的丰富和重构

牛俐鱼曾在《谈文言文教学的课堂效率问题》一文中提出"要把理解词语、掌握句式放到最重要的位置"。这一点在多省市高考文言阅读试题有词义考查的设置中就有了极好的体现。然而，有时囿于与现代人的语境距离等原因，答案的拟定也会百密一疏。2010年广东高考语文第9题（2）句中"上麾师渡河，鼓噪直冲其阵"的翻译在于"河"的字义落实上存在一定问题。初中阶段，大多数教师在教学中会强调文言文中"江""河"两个字单独出现的往往是"长江""黄河"。我揣测这可能成为当年高考卷将"河"拟定为"黄河"的主要原因。

学习语言文字的过程也是文化获得的过程。虽说我不认可原题的这个答案，但如果直接呈现答案，学生会缺失自我学习的过程，更无法高效地培养起他们的语文核心素养。于是，我将该答案的证明或证伪的过程改造成探究题，并从结合教科书中的实例、寻找文言诗文中的反例等方面提示学生合作学习，为学生提供了可操作的学习方向。在之后的学习结果课堂呈现中，学生的学习状况令我感到惊喜，以下选取几则展示的成果。

（1）有学生以初中课文《河中石兽》中"沧州南一寺临河干"一句总结出一条简单实用的结论，即看文本中提及的地理位置，如跟长江、黄河的流经区域有关的，就可以翻译成专称。沧州在河北，而黄河流经青海、四川、甘肃、宁夏、绥远、陕西、山西、河南及山东九个省份，便能推断出《河中石兽》中的这个"河"不是黄河。选文中的"河"的位置在河北怀远附近，同理可得。

（2）有一个学习小组既关注到黄河的流经与选文发生的位置，更将眼光投射到"黄河几次大改道的流经变化"这个方向，发现在南宋建炎二年（1128）时，黄河被人为挖堤，改向东南分由泗水和济水入海。至此，黄河由北入渤海改而南入黄海，不再进入河北平原，一直持续到明代隆庆、万历时期。他们又联系选文的事件发生在"靖难之役"时期，给出了一份环环相扣的清晰解答，进一步从科学严谨性的角度论证了原答案的谬误。

这两项学生自主学习的结果重组了原有的文字文化积累，建立起了有关知识和经验的新联系，证明学生不但实现了"知其然"的初级目标，而且过渡到了"知其所以然"的发展目标。

二、从文章到文学：情感思辨的发展和提升

文章的妙处在于单纯的文字通过组合的方式发挥出了远远超出文字本身的文学魅力，达到了"1+1"远远大于2的地步。由此可见，我们不能忽略"提高自己的欣赏品位和审美情趣"这一阅读的远端目标。而要走好这一步，关键是拉近学生与阅读文本之间的距离，通过体悟，厘清作者的思路，还原作者的原意，并读懂他们蕴藏在文字中的情感。其中，习题的谬误就可以被教师的教学智慧加工成课堂教学资源，引导学生入境、深思、悟情。

鲁迅先生的名篇《记念刘和珍君》中"中国军人的屠戮妇婴的伟绩，八国

联军的惩创学生的武功，不幸全被这几缕血痕抹杀了。但是中外的杀人者却居然昂起头来，不知道个个脸上有着血污……"学生对此本就有理解的难度。

教学片段1：

生：执政府前枪杀刘和珍与杨德群两名女生的怎么会是八国联军呢？这会不会是鲁迅误写的？

生：不是吧，这次的八国联军不是1900年的那次，而是日本挑头组织起来的。

生：那也说不通啊，开枪的是中国军人，又没有外国人。

这段内容也是试卷练习中阅读赏析的高频选用内容。遗憾的是，关于此处内容赏析的习题多有讹误，多将其表述为"伟绩"和"武功"是反语，这句话既揭露了段政府的暴行与中外反动派的屠戮一脉相承，又指出了这次暴行是空前的。"这几缕血"指的是段祺瑞对青年学生的残酷暴行，比起前面列举的暴行，这种残暴有过之而无不及。前面列举的暴行，在这种残暴面前，作者认为是"小巫见大巫"。这一答案似乎可以在教师用书中找到一种源头："'屠戮妇婴''惩创学生'是把中外反对派的罪恶暴行与'三一八'屠杀女学生这事进行类比，加以揭露和讽刺。"我在教学中没有照搬教参说法，而是让学生深入探讨学习，从内容和表达两个方面进行"咬文嚼字"。

教学片段2：

生：这段话最后一句是"但是中外的杀人者却居然昂起头来，不知道个个脸上有着血污……"我们在历史课上学过，段祺瑞是受日本人援助的。很可能就是外国人要求惩创学生，直接动手杀人的段祺瑞执政府和幕后指使的外国人都是凶手。所以，前面分开写成"中国军人的屠戮妇婴的伟绩，八国联军的惩创学生的武功"像是用了互文的修辞手法。

生：既然杀人者不分中外，他们脸上带着的都是刘和珍等人牺牲流出的鲜血。所以，"一脉相承"和"有过之而无不及"也都是说不通的。

生：我认为"不幸"也是反语。"伟绩"和"武功"是正话反说，"不幸"是反话正说，是在讽刺段政府和外国反动势力的"功绩"是可耻的，也是一戳就破的，也更看出三名女生的流血牺牲在极大地动摇着反动派的根基。所以这也应该写进答案中。

在讨论和思辨中，学生厘清了重点词句的概念，完成了对原有错误答案的勘误。同时，思辨兼顾了表达的要求。当学生从思维到情感都明晰后，再引导学生自己重组习题答案，课堂讨论的内容外化为结论的表达就水到渠成了，这样就能在读和说两个维度上让学生都获得一种学习体验与成就感。学习过程也辐射延伸到"文学鉴赏与创作"和"现代作家作品研习"这两个学习任务群。通过辨误，学生培养批判力的同时，更在表达技巧和情感上获得了创造性的感悟，实现了从"读通内容"到"读懂情感"的飞跃。

当习题答案出现谬误时，我们也不需要将其视为洪水猛兽，而应有"变废为宝"的思路，通过自身的引导和启发，把握住学生思维和表达的方向，让学生能对阅读材料做出自己的分析判断，努力从不同的角度和层面进行阐发、评价与质疑，发展独立阅读能力。只有文字能变得生动，文章方能有灵魂；只有文学能泛起涟漪，文化才能浮出水面。

参考文献

［1］谭其骧.黄河与运河的变迁［J］.地理知识，1955（8）.

［2］岑仲勉.黄河变迁史［M］.北京：人民出版社，1957.

回归原点，巧解文言

——高三文言文趣味复习策略

浙江省台州市灵石中学　许莎莎

针对高中文言文教学所遇到的困难，尤其是面对高三文言复习时，学生一问三不知，学习兴趣不浓，课堂气氛沉闷等情况，我从文言的"追本溯源"、文言的"生活应用"、文言的"趣味方法"三个方面激发学生的学习兴趣，改善教学方法，把学生从死记硬背中解放出来，以试图实现文言复习的高效目标。

一、追本溯源，激发学生对实词的探究兴趣

从造字法入手，解读字词，易激起学生探究之趣。古代的文字最早起源于图画，由此而创造了大量象形文字，如"水、手、日、月、行"等，在象形的基础上添加抽象性符号，又诞生了指事字"刃、寸、末"等，一个或两个象形和指事字的组合形成了会意字"采、即、既"等。因此，我从造字法入手讲解文言文中的有些实词，使学生对枯燥的文字产生浓厚的兴趣，这样更便于学生理解、掌握。如"即"和"既"，学生极易弄错，我们从字形入手讲解，"既"（如图1所示）：表示人吃饭转身离开，一般指事情结束后，可译为"以后"或"已经"；"即"（如图2所示）：表示人靠近去吃饭，事情在进行中，解释"走进"或"靠近"。又如"旦"：表示太阳从地平线上升起，可解释为"早晨"。

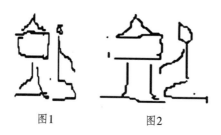

图1　　　　　　　图2

　　复习荀子的《劝学》时，我发现学生对于文中两句话的默写总是出错，一句是"假舆马者，非利足也，而致千里；假舟楫者，非能水也，而绝江河"，另一句是"故不积跬步，无以至千里；不积小流，无以成江海"。我参照许慎的《说文解字》和《古代汉语》，仔细研究了这两个字的区别，原来"至"在甲骨文中是一个会意字，"鸟飞从高下至地也"，即到达的意思。这个字上边为鸟的变形，下面一横代指地面。"致"字是形声字，左"至"右是反文，即"又"的变形，"又"在甲骨文中像右手的形状，是"手"的意思。所以，我给学生讲借助外物比如别人的手的帮助才能到达，就写"致"，如第一句话；不借助别人手的帮助而到达，就写"至"，如第二句话。如此记忆，学生的错误基本上就不犯了。

　　由此可见，如果我们了解了古代汉字的造字法，尤其是对一些象形字、会意字和指事字，分析它的本义和结构，可以非常容易地记住它的意思，并且可以记住它所引申的意思，对高三文言文复习之"实词推敲"会起到一定作用。

二、生活应用，加深学生对文言词语、句子的理解

　　我们知道文言文历史年代久远，记叙、描写的是古代文化生活，学生理解起来非常困难，如果我们依然是逐字逐句刻板地去讲解，强迫学生去理解，结果往往是事倍功半。假如我们能从熟悉的生活入手让学生用文言来"遣词造句"，让文言进入"生活应用"，将趣味无穷。

　　教师要经常创设应用情境，为学生提供文言"生活应用"的训练机会。在复习论语时，讲到"道之以政、齐之以刑"等以"以"为标志的状语后置句，基础差的学生没有办法理解，于是我就建议其他学生用他们的办法使这些学生掌握这个句式。有一个平时比较调皮的学生造出这样的句子：打之以

棍、揍之以拳。其他学生在笑的同时，也能够较容易地造出其他以"以"为标志的状语后置句……这样，慢慢地，从短句变成长句，再变成段落，学生将不再感到文言文难学，而且觉得生活的乐趣比比皆是。所以，让文言贴近生活，让学生在生活中应用"文言"，既可以加深学生对文言知识的理解，也能增加生活的趣味性。

三、趣味探究，巩固学生的文言知识

1. 成语联系法

从成语的内容来看，有的来源于古代寓言故事，有的来源于古代神话传说。如果我们能在文言文复习中适当结合成语，从学生熟知的成语入手，不但能挖掘学生的潜力，而且能提高学生对文言文的学习兴趣。在文言文复习中，我认为，联系成语的常用方法有以下几种：①结合成语释义。成语中的语素有许多保留了古汉语的意义。所以结合成语释义能增强说服力，加深印象，便于记忆。例如，荀子的《劝学》"假舆马者，非利足也"句中"假"字与"狐假虎威""不假思索"中的"假"同义，都是"借助"的意思。②结合成语学习文言文的语法现象。例如："股肱之臣"，"股肱"意为"像大腿和胳膊一样"；"席卷天下"，"席"意为"像席一样"；"星罗棋布"的"星"和"棋"等都是实词的"活用作状语"。又如："完璧归赵"的"完"是"使……完整"。这些成语中的字都是文言文中的使动用法。如此，学生在偶遇课外不懂的实词时可以联想所学过的成语，以此来探寻该实词的含义。结合成语学习文言文，不但有利于文言文的学习，还可加深对成语的理解，两者如能在教学中长期使用，一定能收到满意的效果。

2. 典型文章练习

在某一年的台州高三复习研讨会上，洪家中学的一位教师向所有高三教师推荐了一篇《乌有先生历险记》，我认为有很大的参考价值。《乌有先生历险记》中的故事信息量极大，对于学生在中学阶段所要掌握的文言知识及能力训练之要点，文中隐含逾半。如果学生认真读此文并按"说明"的要求进行训练，便会收到颇佳的效果。加之故事情节十分生动曲折，读来令人忍俊不禁，大家很容易进入角色，枯燥的文言复习也能平添几分乐趣。例如，这篇文章的开头部分：乌有先生者，中山布衣也，年且七十……唯读书是务。朝廷数授以官，不拜，曰："边鄙野人，不足以充小吏。"公素善先生，而相违期年未之见已，因亲赴中山访焉。其中包含了简单的判断句（乌有先生者，中山布衣也），虚词（且、而、焉等），宾语前置句（唯读书是务）等。这篇简单的长篇人物传记议论文能使学生掌握文言文中众多的知识点，并且可以激发学生对文言文的兴趣，可谓一举两得。

3. 文言比赛法

我们在文言文教学上通过开展多种形式的实践活动，把学生觉得枯燥无味的文言文学习变得生动活泼、兴趣盎然。如形式多样的古诗文知识背诵竞赛可以让学生在掌握高考"名句填空"这方面知识的同时，因为多读而培养文言语感；表演以文言为台词的短剧（自创或出自课文皆可），这样的比赛既使学生增强了文化底蕴，显示了才情，显示了睿智，又在快乐的竞赛中加深了知识的积淀；将文言知识点集约组成竞赛试题，在竞争中以活跃的方式强化学生对文言文知识的预习、复习，重在将课堂所学与课下巩固以竞赛的形式加以表现，通过竞赛中的各种比对，促使学生将相关文言知识在竞赛前的背诵中牢记，在竞赛时的错误中提升。总之，学生在各种文言比赛中积累文言知识，各尽才智，渐渐尝到研究、探索成功的甜头，享受快乐的情感体验，它所激发出的文言文学习的兴趣是润物无声的，是持久永恒的。

综上所述，让高三学生在枯燥的文言文复习阶段回归文言的本源，运用文言的"追本溯源"法收获文言高考所必需的文言知识，学会赏读古文；在文言的"生活应用"中培养文言语感，让自己也做一回古人；在文言的"趣味方法"探究中感受文言趣味，使灿烂的古代优秀文化得以传承。